日本語教師のための
シャドーイング
Shadowing
指導

迫田久美子・古本裕美（編著）
倉品さやか・山内豊・近藤妙子（著）

くろしお出版

はじめに

「私の成功の秘訣は、誰にでもできることを誰にもできないほど続けたことだ。」
これは、日本のある有名な大手企業の社長の言葉です。彼は、自らトイレや社内
掃除を徹底して行っていました。そして彼は、「掃除は頭の整理であり、毎日する
ことで細かい汚れやムダに気づく」と言っています。この記事を読んで、思わず
「言語学習も同じだ！」とシャドーイングのことを思い出しました。

　本書の目的は、「シャドーイング」という練習方法を日本語教育の現場の教師に
理解していただき、学習者のニーズに応じて利用してもらうことです。

　長年、日本語教育に携わってきて、一度も変わらなかった考え方があります。
それは、「語学学習に近道はない。繰り返し聞いたり、読んだりすることによって
学習者は上手になっていく」ということです。研究を重ねて、文型練習や音読が
「古い練習方法」とされながらも、短期間で最大の効果を上げる方法としては有効
であることがわかりました。どんなに上手でわかりやすい説明であっても、魅力
的な教科書であっても、学習者は誤用なしに外国語を習得することはありません。
頭でわかることと実際に話すことは違い、学習者は何度も誤用を産出しながら、
習得の階段を上っていくのです。筆者は、「詳しい解説よりも多くの例文」「教師
の説明よりも学習者の発話」が言語習得に効果があると信じています。いわゆる
「習うより慣れろ」ということ。ですから、教師の役割は「いかに現実場面に近い
状況を作り、説明を極力少なくして言語形式のルールを気づかせ、多種多様の方
法で学習者に飽きさせずに楽しく練習させるか」であると考えます。

　このようなビリーフを持っている筆者が出会ったのが、「シャドーイング」とい
う練習方法でした。シャドーイングは古くから通訳訓練に用いられている指導法
と知っていましたが、積極的に日本語の授業には導入はせずにいました。しかし、
外国語の運用能力を育成するには「自然なインプット」と「繰り返し練習」が不
可欠であり、それにはシャドーイングが適していると考え、2005年から実際の授
業に導入し、さまざまな実験調査によりシャドーイングの効果を確信しました。

　本書は、2004年から行ったさまざまな調査や研究、そしてその研究にかかわっ
た国内外の現場教師たちの実践と経験談によって構成されている「実践のための
シャドーイングの手引き」です。

第1部では、シャドーイング実践への入り口として、長期間にわたる調査の結果を示し、第二言語習得研究の観点からなぜシャドーイングが有効なのかについて述べています。

　第2部では、シャドーイング実践の具体的な内容を示しています。第1章と第2章では、教材の選び方や種類やレベルとの関連について、第3章ではシャドーイングの練習方法や教室活動としての実践を詳しく解説し、また、海外で長年日本語を教えている教師たちのシャドーイング授業の実践例もご紹介しています。第4章ではシャドーイングアプリの開発とそれを使用した授業を紹介しています。さらに、第5章、第6章ではシャドーイングの評価法や学習者へのフィードバックの仕方を例で示しながら詳しく解説、第7章では、教師と学習者とのやりとりの実例や学習者へのさまざまなサポートを挙げ、教師の学習者への気配りや気遣いの重要性を説きます。また学習者のモチベーションをあげる教室活動の実践例もご紹介しています。

　第3部では、民間の日本語学校におけるシャドーイングの実践の取り組みを「座談会」形式で紹介しています。日本語教育機関でどのように「シャドーイング」を取り入れていけるか、担当教師たち7名の率直な意見が述べられています。

　以上のような内容構成からも、本書の著者陣が日本語や英語を教えている現場教師であることからも、本書がシャドーイングを知ってもらうための解説書に留まることなく、シャドーイングをいかに使うか、授業実践に即した指導書であることがお分かりになるでしょう。「シャドーイングって、知っているけれど、授業の取り入れ方がわからない」「上級レベルの学習者しか使えないのでは・・・」と導入をためらっている皆さま、また、「導入しているけれど、もっと効果的な利用法が知りたい」「シャドーイングの練習をどう評価したらいいのだろう」と悩んでいる皆さま方にぜひ、読んでいただきたい「教師による、教師と学習者のためのシャドーイングの本」です。

2019年秋

迫田久美子（編著者）

目　次

第1部 導入編
日本語教育におけるシャドーイングとは　　1

第1章　外国語の上達とシャドーイング 2
   1. シャドーイングという訓練法 2
   2. 誤用とシャドーイング 4
   3. シャドーイングと「繰り返し」の効果 5

第2章　シャドーイングの効果 9
   1. シャドーイングの効果に関する研究 9
   2. 音読との比較 12
   3. 書写との比較 13
   4. シャドーイングと日本語能力のレベル 14
   5. シャドーイングの教材の難易 16
   6. ペア学習型授業と教師主導型授業 17

第3章　シャドーイングのメカニズム 20
   1. 学習者はなぜ間違うのか 20
   2. 「わかる」と「できる」の違い 22
   3. 「わかる」を「できる」に変えるために 24

第2部 実践編
シャドーイングの授業実践　　35

第1章　教材の選び方（1）－素材の種類・長さ・音声－ 36
   1. ダイアローグとモノローグ 36
   2. 生教材と自主制作教材 39
     ■実践例①：国民的な詩のシャドーイング 39
     ■実践例②：TVコマーシャルを用いてモチベーションを上げる ...41
     ■実践例③：「母語訛り」の外来語の発音を克服するための
        シャドーイング教材 45

iv

3．教材の長さ 48

　　　4．モデル音声（話し手）の性別と年齢 50

第2章　教材の選び方（2）－レベル・難しさ－ 53

　　　1．教材のレベル 53

　　　2．学習者が感じるシャドーイングの難しさ 55

第3章　シャドーイングの練習方法 60

　　　1．さまざまなシャドーイング導入例 60

　　　2．各活動で使えるツール 67

　　　3．シャドーイングにおける自己調整的な学習 71

　　　4．シャドーイング練習にかける時間 80

　コラム①　ビジュアルと音声を組み合わせたシャドーイング 83

第4章　アプリを使った実践 85

　　　1．アプリ「がんばってシャドーイング」開発の経緯 86

　　　2．「がんばってシャドーイング」の機能 88

　　　3．「がんばってシャドーイング」を使った授業実践 98

第5章　シャドーイングの評価(1)　－手動評価－ 108

　　　1．手動評価とは 108

　　　2．全体的印象による評価 109

　　　3．観点別による評価 109

　　　4．正確な再生率に基づく評価 111

　　　5．簡易的な再生率による評価 113

　　　6．重点ポイントを設定した評価 115

　　　7．手動評価のまとめ 117

　コラム②　シャドーイングは自動的に評価できるのか 119

v

第6章　シャドーイングの評価(2)－学習者へのフィードバック－ .. 122
　1.　誰が評価するか 122
　2.　何を評価するか 127
　3.　どのように評価し、フィードバックするか 132

第7章　学習者へのサポート 137
　1.　シャドーイングと動機づけ 137
　　■実践例④：シャドーイングで人形劇 141
　　■実践例⑤：シャドーイングを暗唱のクラス発表につなぐ 143
　2.　学習者を知る 147
　　■実践例⑥：教師からのフィードバックの重要性 148

第3部 　座談会
日本語学校でのシャドーイング実践　165

□ **索　引**　177
□ **資　料**　181
□ **おわりに**　182
□ **著者紹介**　183

vi

第1部

導入編
日本語教育におけるシャドーイングとは

　「シャドーイングって、効果があるんですか。」これは、講演会やセミナーでよく尋ねられる質問です。そこで、いつも「シャドーイングに効果があるかどうかではなく、皆さんがシャドーイングを効果が出るように使うかどうかが決め手です」と答えます。
　第1部では、学習者の誤用が出現する背景を考えることによって、「わかる」ことと「できる」ことの違いを示し、シャドーイングに注目した経緯とさまざまな調査によってその効果を検証してきたプロセスをしめします。

第1章
外国語の上達とシャドーイング

　外国語の教授法は、昔から多く紹介されています。読者の中には、専門家の方も学生時代に「外国語教授法」「日本語指導法」などの授業科目で学んだ方もいると思います。「文法訳読法」から始まり、「グアン・メソッド」「ベルリッツ・メソッド」「オーディオリンガル・アプローチ（AL法）」「サイレント・ウェイ（沈黙式教授法）」「TPR（全身反応教授法）」「CLL（コミュニティ・ランゲージ・ラーニング）」「サジェストペディア」「ナチュラル・アプローチ」「内容中心教授法（CBLT）」など多くの教授法が紹介されてきました。しかし、いずれも長所と短所があり、学習者のニーズによってどの教授法が良いかが異なってきます。

　また、日本語教育を専攻している大学院生の中には、研究テーマとして「中国人にとって最も効果的な日本語教授法」「学習者にとって最適な日本語指導」などを考えて相談に来る学生がいますが、その度に全ての学習者に効果的な教え方はないことを伝えてきました。

　しかし、半世紀以上、英語と日本語を外国語として教えてきた筆者の経験から、どの学習者にとっても必ず効果がみられる訓練法の1つとして、ここ数年、「シャドーイング」を勧めています。この章では、その理由と背景について述べたいと思います。

1. シャドーイングという訓練法

　シャドーイングは、言語訓練の1つの方法であり、古くから通訳の訓練法としても知られており、英語教育では運用能力を養成する活動として、近年注

目されています(玉井 1992, 1997, 2003, 2005; 門田 2007, 2012, 2015; 門田・玉井 2004, 2017; Kadota 2019)。(➡詳しくは第 2 部第 3 章を参照)

　シャドーイングとは、「聞こえてくるスピーチに対してほぼ同時に、あるいは一定の間をおいてそのスピーチと同じ発話を口頭で再生する行為、またはリスニング訓練法」です(玉井 2005)。語学の授業では、教師の後に続けて発声するリピート[1]という練習方法があります。シャドーイングは聞こえてきたらすぐ発話するのに対し、リピートはひとまとまりの句や節や文を聞き、その後、ポーズの間にそれを繰り返します。(➡詳しくは第 1 部第 3 章を参照)

　Marslen-Wilson(1985)によると、シャドーイングは1950年代後半から1960年代初めにChistovichと彼女の同僚たちの研究によって紹介されたと書かれています(Chistovich 1960, Chistovich et al. 1960)。Marslen-Wilson(1985)は、この一連のChistovichの研究を概観し、シャドーイングが耳に入ってくる内容を聞きながら、即時的に同じ内容を産出する発話のシステムの研究であることに注目し、言語指導の観点からも、研究の観点からもシャドーイングの訓練法を高く評価しました。

1　本書では、リピートとリピーティングを区別せず、同一の行為と定義する。

2. 誤用とシャドーイング

　日本語教育に話を転じて、ここでは筆者がシャドーイングに注目した背景を紹介します。日本語学習者は、習得過程において、母語の違いに関わらず(1)～(2)のような同種の誤用を産出します。これらの誤用がなぜ産出されるのかについては第3章で解説しますが、教師としてはこれらの誤用を消滅させたい、あるいは誤用を産出させないようにしたいと考えます。

(1) a. ドイツでは、外でも家の中でも一日中靴を履いて<u>いたら</u>(→いても)
　　　問題がありません[2]。　　　　　　　　　　　（ドイツ　市川 2010: 361)

b. 逆に彼女はもし何か心配事が<u>あったら</u>(→あっても)、決して子供
　　たちを心配させません。　　　　　　　　　　　（台湾　市川 2010: 361)

c. ＜来日直後日本語が全く分からなかったときの苦労話をしたあと
　　で＞今<u>思い出したら</u>(→思い出しても)、なつかしいなぁ。

　　　　　　　　　　　　　　　　　　　　　（アメリカ　市川 2010: 361)

(2) a. 少し悪い<u>の</u>(→φ)人がいます、日本は　　　　（韓国　C-JAS[3], K1)

b. 小さい<u>の</u>(→φ)子供、しゃべってる<u>の</u>日本語、おもしろいよ

　　　　　　　　　　　　　　　　　　　　　　　（中国　C-JAS, C3)

c. 一生けんめい勉強した<u>の</u>(→φ)おかげで、有名な人になった

　　　　　　　　　　　　　　　　　　　　　　（ドイツ　市川 2010: 576)

　筆者がシャドーイングに興味と関心を持ったのは、このような誤用が学習者の日記とシャドーイングの発話に同時に現れていることに気づいたことが発端でした。シャドーイングは耳に聞こえてくる内容をそのまま口に出してアウトプットすることが原則ですが、学習者は必ずしも聞こえてくるままをアウト

2　例文における誤用部分への下線、正用をしめす(→　)は筆者作成。

3　C-JAS とは、「日本語学習者縦断的発話コーパス(Corpus of Japanese as a second language)」であり、来日して日本語学校で日本語を学んだ韓国語母語話者 3 名と中国語母語話者 3 名の 3 年間の46.5 時間、約 57 万語の自由会話形式の発話データのコーパスである。K は韓国語母語話者、C は中国語母語話者を表している。詳細は C-JAS<http://lsaj.ninjal.ac.jp/> を参照。

プットしているのではなく、学習者の頭の中のことばや文をアウトプットしているのです。つまり、自分の中にある学習者自身の言語（学習者独自の文法による言語）をアウトプットしているのです。表1は、毎週課題として書かせていた日記に現れた誤用例の一部です。表2は、シャドーイングの訓練中に出現した誤用例の一部です。日記とシャドーイングのどちらにも同一の学習者から同種の誤用が現れていることがわかります（迫田 2004）。

表1　日記作文に出現した主な誤用例　（迫田 2004: 33）

誤用の種類	具体的な文章
「の」の過剰使用	食べる**の**（→φ）こと
「を」と「が」の混同	いっぱい友だち**を**（→が）できたことでした
「た」と「て」の混同	その後で、皆はちょっと酔っ払っ**た**（→て）カラオケをしました

表2　シャドーイング訓練中に出現した誤用例　（迫田 2004: 33）

誤用の種類	具体的な発話テキスト
「の」の過剰使用	背が高い**の**（→φ）方の人がずっと選ばれてきた
「を」と「が」の混同	いい友だちを作ること**を**（→が）できるということなのだろう
「た」と「て」の混同	すっかり変わっ**た**（→て）しまうこともある

　正しい日本語をシャドーイングしていても、産出しているはずの日本語が学習者独自の言語になっているという現象から、シャドーイングの訓練をすれば、修正されるかもしれないと考えました。特に、「の」の過剰使用は上級レベルの学習者にも観察され、修正されないで化石化してしまう誤用の1つです。そのため、このような化石化した誤用が修正される可能性があるかもしれないという期待もあり、シャドーイング研究を開始しました。

3. シャドーイングと「繰り返し」の効果

　シャドーイングにさらに興味を持った経緯は、日本語がとても上手な学習者たちに出会ったことにあります。40 年以上日本語教育に携わり、1000 人近い

外国人に日本語を教えていると、とても上手に日本語を話す学習者に遭遇します。彼らに学習方法を聞いてみると、さまざまな回答が返ってきます。ここでは、3人の日本語学習者のケースを紹介します。

1番目の学習者Aは、韓国語母語話者です。学習者Aは、日本文学が好きで志賀直哉の研究をしている学生でしたが、語彙も豊富で、目上の人に話す場面、友だちと話す場面、幼い子どもに話しかける場面、とそれぞれ相手に応じた日本語のスタイルシフトができ、極めて高い日本語能力を有していました。口頭能力を測定するインタビュー方法（OPI[4]）で超級と判定された学生でした。学習者Aにこれまでの勉強法を尋ねてみると、音読でした。彼女は1年間、好きな志賀直哉の作品を毎日お風呂で声を出して読んだのだそうです。好きな作品なので、何回も繰り返して読み、飽きずに続けられたと言っていました。豊富な語彙、さまざまな場面での会話スタイルなど、小説に出てくる多様な場面から学んだのでしょうか。日本文学が専門の外国人が四字熟語や古いことわざを上手に使って話す背景に、文学作品から多くの語彙を学んでいることが推測されます。

2番目の学習者Bは、中国語母語話者です。大学で既に2年間の日本語学習を終え、交換留学で来日し、日本の大学で日本語授業を受けていました。とても自然な日本語を話す能力が高く、長年日本に住んでいるような印象を受けたので、過去に留学したことがあるのか、両親のどちらかが日本人なのか、親しい日本人の友だちがいるのかなど、その高い日本語能力の原因を探ってみました。ところが、どの質問も否定され、その理由はすぐにはわかりませんでした。さらに、聞いてみると、日本のテレビドラマが大好きで、同じドラマのビデオを毎日見続けたということを話してくれました。

3番目の学習者Cは、英語母語話者です。彼は、前述の2人と異なり、日本語能力が低く、クラスでほとんど発言しない学生でした。大学で日本語を1年

4　OPI(Oral Proficiency Interview)とは、ACTFL(The American Council on the Teaching of Foreign Languages：全米外国語教育協会)によって開発された会話能力を測るテストである。初級から超級まで10段階のレベルがある。詳細は、日本語OPI研究会 <http://www.opi.jp/nyumon/nani.html> 参照。

程度学んだだけで来日し、初中級レベルのクラスに出席していました。その時期は、筆者はシャドーイングに興味を持ち始め、授業に取り入れることを試みていた時期で、各学生にシャドーイングのスクリプトを吹き込んだカセットテープを貸与し、授業外で毎日3〜5分練習することを宿題としていました。スクリプトの内容は、授業とは別の初中級レベルに相当する教材から400字程度の内容で少しゆっくりの速度(slow speed)と自然な発話速度(natural speed)2つのタイプで録音し、使用しました。

学習者Cは、シャドーイングの練習を開始した翌週、シャドーイングのテープを持参し、「先生、このテープの日本語はおかしい。日本語が速すぎるので返します。ぼくの周囲の日本人はこんなに速く日本語は話さない。」と訴えてきました。そこで、私は「Cさんの周囲の人は、Cさんの日本語レベルが低いからそれに合わせて、不自然にゆっくり話しているだけです。むしろ、自分が周囲の日本人からゆっくり話してもらっていることに気づくこと、できればそのような気づかいをしてもらわなくてもいいように自然な速度に早く慣れることが大切ですよね。」と話し、聞き取れないのであれば、シャドーイングをしなくてもいいこと、聞くことだけに集中して何度も何度も聞くように課題を与えました。その後、1週間後には「単語が聞き取れるようになった」、2週間後には「聞いていて、意味がわかるようになった」と彼の反応は変化していき、3週間後には、「ところどころついていって、言えるようになりました。」と変わり、1か月後は少しずつシャドーイングをするようになり、日本語授業もまじめに取り組むようになりました。

この3人の学習者のエピソードから、「正確なインプットの繰り返し」がいかに重要かということを改めて実感し、正確なインプットの繰り返し訓練であるシャドーイングの効果について実証的な研究をし、現場の教師にどのようにシャドーイングをすればいいのかを伝えたいと考えるようになりました。

❶ シャドーイングは、文字情報を見ないで、聞こえてくるスピーチをほぼ同時、あるいは一定の間をおいて口頭再生する訓練法のこと。

❷ 学習者は、外国語や第二言語では、書いても話しても同じタイプの間違いをすることがある。シャドーイングでこのような状態を改善できると考えられる。

❸ シャドーイングの「正確なインプットの繰り返し」が学習効果を生む。

第2章
シャドーイングの効果

1. シャドーイングの効果に関する研究

表1はこれまで行われたシャドーイングの効果検証の研究の一覧です（迫田 2010）。

表1　シャドーイングの効果検証の研究例　（迫田（2010: 8-9）を参考に修正・加筆）

先行研究	目的	調査概要	結果
土井（1992）【英語】	シャドーイング指導がリスニング力に与える効果検証	対象：高校生 ［シャドーイング群・ディクテーション群］ 期間：3か月半	事前と事後で成績を比較した結果、シャドーイング群の方がリスニング力に対する効果が有った。
柳原（1995）【英語】	シャドーイングとディクテーションの比較による効果検証	対象：大学生 ［シャドーイング群・ディクテーション群・聴解群］	練習課題を含めたテストではシャドーイング群が他より有意だが、含めないテストでは有意差なし。
玉井（1997）【英語】	シャドーイングの短期指導の効果検証	対象：大学生 期間：5日間	短期の集中訓練においても効果が見られた。
玉井他（1998）【英語】	シャドーイングの誤答傾向の変化を比較	対象：大学生57名 ［成績低群・中群・高群で分類］	音韻的・意味的・文法的誤答数の変化を分析した結果、群間の有意差はなく、音韻的誤答は成績高群になると減少し、意味的誤答が増加する。

Kuramoto (2002) 【英語】	シャドーイング指導の発音に対する効果検証	対象：大学生8名 期間：3週間 [1日15分]	テキスト使用の文の発音は改善されるが、非使用の文の発音には影響がない。
玉井（2003）【英語】	シャドーイングのレベル別効果検証	対象：高校生 [上位群・中位群・下位群] 期間：3か月半	上位群ではシャドーイングの効果が見られず、下位群での効果が見られた。
氏木（2006）【英語】	シャドーイングの読解力への効果検証	対象：大学生 [シャドーイング群・非シャドーイング群]	シャドーイング群の下位群で有意差があり、シャドーイングの効果は限定的である。
高橋・松﨑（2007）【日本語】	プロソディーシャドーイングで発音の誤用の変化を比較	対象：1級(旧JLPT)合格者3名 [中韓仏各1名]	アクセントとイントネーションは誤用数が減少、拍や単音は数値に大きな変化がない。
唐澤（2010）【日本語】	練習前後の音読で発音の誤用の変化を比較	対象：タイ人 SPOTで中上級	数回のシャドーイングでも発音改善の有効性はある。
阿・林（2010）【日本語】	シャドーイング練習による日本語発音の変化を比較	対象：蒙古23名 中国18名 [実験群と統制群に分けて実施]	・発話速度は両群向上。 ・母語に関係なく、シャドーイング時のアクセント正確率が上昇した。

　表1から、シャドーイングの効果検証の研究は英語教育において盛んであり、日本語教育においての研究例が少ないこと、英語でも日本語でも発音・音声に関する研究が多いことなどがわかりました。

　そこで、迫田・松見(2004)は、交換留学で日本の大学で週数時間、日本語授業を受けている留学生に約1年(10か月間)のシャドーイングを実施し、その効果を作動記憶(ワーキングメモリー)[1]の容量と文法能力の観点から調べました。

　対象者は英語圏の交換留学生4名(S1, S2, S3, S4)[2]で、学期中に毎日10分程

1　作動記憶(ワーキングメモリー)とは、知覚した言語その他の情報を、また長期記憶中から検索した情報を、処理したり保持したりするための心内スペース(門田 2012: 351)。

2　S1, S2, S3, S4は、交換留学生4名を表す。

度、シャドーイングすることを宿題としました。学期開始の授業でシャドーイングについての方法と趣旨を説明し、スクリプトを少しゆっくりの速度(slow speed)と自然な発話速度(natural speed)とで録音した音声データと携帯録音再生機器を貸与しました。調査期間を4期(Ⅰ期 2003年10月、Ⅱ期 2004年1月、Ⅲ期 2004年4月、Ⅳ期 2004年7月)に分け、それぞれの時期の開始時にロールプレイやRST(リーディングスパンテスト)[3]の調査を行い、変化の有無を調べました。その結果、開始時の第Ⅰ期と10か月後の第Ⅳ期を比べた結果、図1と図2にしめすようにロールプレイの語彙数や語彙種に増加が見られました。このことから、発話が多くなって、語彙が増えていることがわかり、シャドーイング練習が影響を与えていることが推測できます。

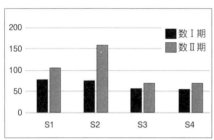
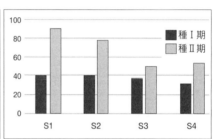

図1　時期別の発話語彙数の変化　　図2　時期別の語彙種の変化

(迫田(2010:10)を参考に作成)

また、RST得点の推移を表した図3を見ると、第Ⅱ期から第Ⅲ期にかけてRSTの値が減少している傾向が見られます。この期間は春休みの長期休暇(1月下旬～4月上旬)にあたり、授業がなく、シャドーイングの課題も与えられませんでした。そのため、その期間、RST得点が一時的に停滞または下降しています。しかし、その後授業の始まりと並行して得点が再び上昇しており、シャドーイングによるRST得点への影響が明らかになりました。つまり、シャドーイングは作動記憶容量や日本語の語彙に影響を与える可能性が高いこ

3　RST(Reading Span Test：リーディングスパンテスト)とは、作動記憶容量を測定するテストであり、カードに印刷された短文を次々と声に出して音読しながら、それぞれの文末単語を、心の中で覚えておき、後で何語、文末語を覚えていたかを再生させるテスト(門田 2012: 351)。

と、効果がある可能性があることがしめされました。

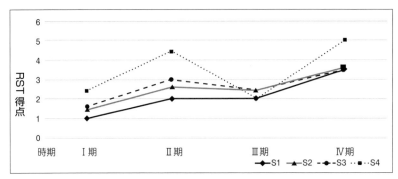

図3 学習者のRST得点の推移 （迫田(2010:10)を参考に作成）

　しかし、迫田・松見(2004)の研究では、学習者が4名と極めて少ないこと、彼らが日本に滞在していたことによるシャドーイング以外のインプットや日本語授業の影響などが考えられることから、上記の結果がシャドーイングのみの効果であるとするには問題があると考えました。そこで、迫田・松見はより多くの学習者を対象として、指導方法を比べることでシャドーイングの効果を明らかにしたいと考えました。

2. 音読との比較

　迫田・松見(2005)では、来日し、日本語の集中研修を受ける留学生に、シャドーイングと音読の2つの方法を導入し、その効果を比較する研究を行いました。対象は、2004年7月に来日して1か月間の日本語集中研修を受講する韓国人大学生29名で、事前にグループ分けをするために、シャドーイングと音読の説明をした上で、どちらのグループがいいかの希望調査と事前の日本語能力テストによってグループの日本語能力が均等になるように音読群15名とシャドーイング群14名に分け、調査を開始しました。

　1コマ90分の日本語授業が1日3～4コマある4週間で20日間の集中研修で、毎日の1コマ目の授業の最初15分だけ、教室を別にしてシャドーイングと音読の練習を行い、その後は全員同じ授業やプログラムに参加しました。そ

して、集中研修が始まる直前と終了後に複数のテスト（SPOT、JLPT、書き取り、DST、LST）[4] を実施して、事前と事後の成績を比べてみました。表2は、その結果をしめしたものです。

表2　シャドーイング群と音読群の事前・事後の成績　（迫田（2010:11）を参考に作成）

	SPOT	JLPT	書き取り	DST	LST
シャドーイング群	UP[5]	UP	UP	UP	―
音読群	UP	―	UP	UP	UP（傾向）

　20日間の集中研修の期間においてシャドーイング群も音読群もSPOT、書き取り、DSTにおいてUPになっていることから、どちらの方法も日本語能力面でも記憶力面でも部分的に効果があることがわかります。

　しかし、JLPTにおいては、シャドーイング群のみに有意差（網掛け部分）が見られ、シャドーイングの方法が音読よりも日本語能力面において効果が高いことが実証されました。シャドーイングに効果が見られた理由について、迫田・松見（2005）は処理能力が伸びたことを挙げています。つまり、JLPTは、語彙・文法・読解能力を測定する内容であることから、シャドーイングは音読よりも意味処理までを含めた言語情報処理を促進する可能性があると考えられます。

3.　書写との比較

　シャドーイングは、JLPTでは、音読よりも効果が高いことが証明されましたが、書写（書き写し）と比較するとどうでしょうか。最近は、新聞のコラムや

4　複数のテストは、日本語能力の測定として「SPOT（Simple Performance-Oriented Test）」、「JLPT（本稿では日本語能力試験の簡易版とする）」、「書き取り」の3種、記憶容量の測定として「DST（ディジットスパンテスト）」、「LST（リスニングスパンテスト）」を行った。「DST」は短期記憶を、「LST」「RST」は、いずれも作動記憶容量を測定するテスト。

5　表内における「UP」は、統計的に事前テストと事後テストで有意差があり、その能力が伸びたことが認められた場合をしめし、「―」は有意差がなかったことをしめしている。また、「傾向」は、傾向差があった場合を表す。「網掛け」部分は、シャドーイング群と音読群で有意差があった場合をしめす。

古典文学の書写教材も見られ、書写の作業が脳科学においても注目されています。

　迫田(2006)は、日本語教材の本文の一部をひたすら書写するグループとシャドーイングするグループを比較する調査を行いました。調査は、2005年7月に来日して集中研修を受けた32名の韓国の大学生を対象に実施しました。学習者への希望調査と事前調査を参考に、グループの日本語能力が均等になるように書写群16名とシャドーイング群16名に分け、2つの訓練の影響に違いがあるかどうかを事前調査と同じテストによって測定しました。結果を表3にまとめます。

表3　シャドーイング群と書写群の事前・事後の成績　(迫田(2010:12)を参考に作成)

	SPOT	JLPT	書き取り	DST	LST
シャドーイング群	UP	UP（傾向）	UP	UP	UP
書写群	UP	—	UP	UP	—

　この結果から、書写群も1か月の訓練で日本語能力面でも記憶力面でもある程度の効果はみられるのですが、傾向差ではあっても、シャドーイングの方が書写よりもどちらの能力においても効果が高いことが認められました。

　迫田・松見(2005)、迫田(2006)の2つの調査結果から、音読でも書写でも、SPOTや書き取りやDSTでは研修前と後では有意差があり、それぞれに日本語の能力面や記憶力の面で効果があることがわかりました。しかし、シャドーイングは音読や書写よりもさらに、語彙や文法、読解能力を含めたJLPTの伸びが見られ、音読や書写よりも効果的であると言えます。

4. シャドーイングと日本語能力のレベル

　次に関心があったのは、学習者のレベルの問題です。玉井(2003)は、高校生の週1回、3か月半の英語シャドーイングの指導において、成績で上位群、中位群、下位群に分けて、その効果を分析しています。(➡表1参照)　その結果、成績が中位と下位群に効果が現れ、特に下位群に著しい伸びが見られたこ

とが報告されています。この結果から推測すると、シャドーイングは成績が低い学習者に大きな効果があると言えます。そこで、迫田他(2007)は、2006年に来日した韓国の大学生21名を上位群6名、中位群8名、下位群7名に分け、シャドーイングを導入し、上位群6名と下位群7名の結果を比較しました。

シャドーイングの実施はこれまで同様、少しゆっくりの速度(slow speed)と自然な発話速度(natural speed)の異なる速度で音源を用意し、スクリプトは初中級用の日本語教科書[6]から2編(267字と313字)を選択して与えました。事前と事後のテストは、これまでの書き取り課題からJ-TEST[7]の聴解に変え、聴解力の評定を加えました。結果を表4にまとめます。

表4 習熟度の違いによるシャドーイングの効果測定 （迫田（2010:14）を参考に作成）

	SPOT	JLPT	J-TEST	DST	LST
習熟度　下位群	－	UP	UP	－	－
習熟度　上位群	－	－	－	－	－

この結果は、先行研究の玉井(2003)を支持し、日本語教育においても、学習者のレベルによってシャドーイングの効果に違いが見られることがわかりました。この結果からJLPTやJ-TESTで有意差があったということは、シャドーイングが意味理解を含めた言語学習に効果が高く現れるということもわかりました。ただ、迫田他(2007)で上位群に有意差が見られず、効果が現れなかったという結果は、シャドーイングが成績の高い学習者に効果がないという結論に直結するものではありません。有意差がなかった原因として、この調査で使用された課題やテスト内容が成績上位群にとって容易であったことや1か月という短期間であったことも影響を与えている可能性があり、上位群へのシャドーイングの効果については、さらなる検証が求められると言えます。

6　平井悦子・三輪さち子(2004)『中級へ行こう－日本語の文型と表現59－(初版)』(スリーエーネットワーク)の「第3課　最近の子ども」と「第8課　あいづち」を使用。

7　J-TEST(実用日本語検定)は、日本語を母語としない外国人の日本語能力を客観的に測定する試験として、日本語検定協会が実施しており、読解問題と聴解問題で構成されるテスト。

5. シャドーイングの教材の難易

　先行研究で音声面や聴解能力で見られていたシャドーイングの効果は、これまで見たように JLPT の音声や聴解だけでなく、文法や語彙の面でも効果があると証明されました。そこで、次に、シャドーイングの教材の難易度について、調べることにしました。

　門田・玉井(2004)では、学習者のその時点の言語レベルよりも易しい教材を選ぶことを提唱しています。しかし、クラッシェン[8] のインプットを重視するモニター理論では、学習者のレベルより少し高いレベル、つまり「i+1（アイプラスワン）」のインプットを与えることを奨励しています。

　実際にシャドーイングを授業に導入しようとする場合、現場の教師や学習者自身、どんな教材を選ぶかは、大きな問題です。そこで、迫田・古本(2008)は教材で使われている語彙の難易度に焦点を当て、学習者の言語レベルより易しい語彙が使用されている教材とより難しい語彙が使用されている教材を用意し、易しい教材を使用してシャドーイングをする A クラスと難しい教材を使用してシャドーイングをする B クラスとで比較調査を行いました。使用語彙の難易にのみ差をつけ、それ以外の項目、教材全体の字数、音節、節数、文数や速度に関してはほとんど同程度の内容を選びました。表5は A クラスと B クラスの教材を比較したものです。

表5　各クラスの教材内容および音声情報の比較　　(迫田(2010:15)を参考に作成)

	字数	音節	節	文	遅い速度	速い速度	語レベル
A クラス（易）	282	302	75	6	4.35 音節／秒	5.34 音節／秒	易★
B クラス（難）	254	283	70	7	4.65 音節／秒	5.70 音節／秒	難★★★★

8　クラッシェン(S. Krashen)はアメリカの言語学者。「モニター理論」という第二言語習得理論の中で、習得を促進するためには学習者のレベルよりも少し高いレベルのインプット（理解可能なインプット）を大量に与えることが重要であるとする「インプット仮説」を主張した。「モニター理論」には、インプット仮説以外にも「習得学習仮説」「自然順序性仮説」「モニター仮説」「情意フィルター仮説」などの考え方がある。

調査の結果は、表6にしめすように、教材の難易については、難しい教材でも易しい教材でもある程度の効果が期待できること、難しい教材より易しい教材が必ずしも良いと断定はできないこと、難しい教材では特に聴解力の向上に有効であることが明らかになりました。

表6　教材の難易の差によるシャドーイングの効果測定　（迫田（2010:15）を参考に作成）

| | SPOT | JLPT | | | J-TEST（聴解） | LST |
		全体	聴解	文字・語彙		
A クラス（易）	UP	UP	―	UP	―	―
B クラス（難）	UP	UP	UP	―	UP	―

6. ペア学習型授業と教師主導型授業

　これまで、学習者のレベルや教材の難易とシャドーイングの関係を調べてきましたが、最後に「どのようにシャドーイングを導入すると効果があるか」という点にフォーカスを当て、調査をした研究を紹介しましょう。

　迫田他（2009）は、ピア・ラーニングで学習者同士がシャドーイングの練習をし合うペア学習型フィードバックを受けたグループ（ペア学習群）と教師がシャドーイングを指導する教師主導型のフィードバックの授業を受けたグループ（教師主導群）で比較して、その効果について調べてみました。

　対象者は2008年の夏の集中研修参加者26名の韓国人大学生で、成績に偏りがないようにペア学習群14名と教師主導群12名に分け、シャドーイングの訓練を実施しました。ペア学習群は、学習者2人でペアを組み、全体でシャドーイングの課題を聞いた後で、(1)のような協働作業を行います。一方、教師主導群は、全体練習の後、(2)のような指導が行われました。

(1) a. ペアのうち、一人の学習者Aがシャドーイングし、もう一人の学習者Bがチェックして、注意点を韓国語（学習者の母語）でフィードバックする。

    b. シャドーイングができなかった部分をお互いに練習し合う。

    c. 学習者Aがシャドーイングし、学習者Bがチェックして、a.の段階より上手になっているかどうかを韓国語でフィードバックする。

(2) a. 学習者全体は、個々にシャドーイング練習を行っている中、教師は学習者を個別に指名し、シャドーイングをさせ、日本語で注意点をフィードバックする。

    b. 個別チェックで観察されたシャドーイングの注意点をクラス全体の学習者に日本語でフィードバックする。

    c. 教師が指摘した部分を全体で練習する。

　上記のようなシャドーイングの指導を1か月間、20回行い、事前・事後の成績の違いについて分析しました。その結果を表7にまとめます。

表7　ペア学習型授業と教師主導型授業における事前・事後の成績比較

（迫田（2010：17）を参考に作成）

	SPOT	JLPT					聴解		LST
		文字	語彙	読解	文法	合計	J-TEST	JLPT	
ペア	—	—	—	—	—	—	—	—	UP
教師	UP	—	UP	—	UP	UP	—	—	—

　この結果から、ペア学習型授業より教師主導型でシャドーイングの指導を受けたグループの方が効果が高かったことがわかります。ペア学習型授業でも学習者同士の気づきを促進したり、学習者の母語で気軽に相談したりできる利点がありますが、教師から明確な指摘や専門的な指導を受けることが良い影響をもたらす可能性があると考えられます。ペア学習型授業では、自信のない学習

者の場合は、相手の誤用を指摘するのをためらったり、逆に、自信過剰な学習者は、高圧的になったり、場合によっては誤った指摘を与えたりするなど、問題点も見られました。どんな学習者同士を組み合わせるか、どんなペア学習型授業が行われているか、教師も常に観察する必要があります。

❶ シャドーイングの効果検証は英語教育でも日本語教育でも行われており、音読や書写と比較するとシャドーイングの方がより効果が高い。

❷ 日本語能力が低い学習者の方が、高い学習者よりもシャドーイングの効果が高く、教材は多少難しくても易しくても効果が見られる。

❸ シャドーイングの実践において、ペア学習型授業と教師主導型授業では、教師主導型の方がより効果が高い。

第3章
シャドーイングのメカニズム

1. 学習者はなぜ間違うのか

　学習者は日本語を習得していく過程でさまざまな誤用を産出します。第1章でもいくつかの誤用例を紹介しましたが、その誤用の範囲も(1)にしめすように多岐にわたっています。

(1) a. 発音の誤用：囚人(→主人)はエロ(→江戸)文学を勉強しています。
　　　　　　　　　　　　　　　　　　　　　　　　　　　（水谷 1994）
　　b. 文法の誤用：日本人：テレビはよく見ますか？
　　　　　　　　　学習者：好きない、好きくない(→好きではない)
　　　　　　　　　　　　　　　　　　　　　　　　　　（迫田 2002: 59）
　　c. 語彙の誤用：新しい生活は平安なりました(→落ち着きました)
　　　　　　　　　　　　　　　　　　　　　　　　　　（迫田 2002: 85）
　　d. 表現の誤用：＜パーティで＞ 先生は何が食べたいですか。
　　　　（→先生、何かお取りしましょうか／召し上がりますか）
　　　　　　　　　　　　　　　　　　　　　　　　　　（市川 2010: 294）

　1950年代に対照言語研究が盛んだったころは、学習者の誤用の原因は、母語の影響だと考えられました。しかし、次の(2)のように異なった母語の学習者から同種の誤用が産出されることから、必ずしも母語の影響だけとは限らないことがわかっています。

（2） a. バスケットの中に（→を）見ると、犬が飛び出す、出しました

（ベトナム語話者 I-JAS[1]）

b. バスケットの中に（→を）見て、全部の食べ物は食べられました

（タイ語話者 I-JAS）

c. バスケットの中に（→を）見て、そこにサンドイッチはあまり，残っ
ていない

（ロシア語話者 I-JAS）

迫田（2002）は、助詞のような機能語は使い分けの区別が困難なため、学習者は固まりで覚えて使っている可能性があると述べています。つまり、（3）にしめすように、「に」「で」のような場所を表す助詞は、位置を表す名詞「中」「前」「外」などには「に」、「地名」「食堂」「学校」などの広い場所を表す場合は「で」と固まりを作って選択されやすいことを検証しています。

（3） 日本語学習者の「に」「で」の使い分けの要因（迫田 2002: 90）
位置を表す名詞（例：中／前）＋「に」
例：門の前に（→で）話をしました。
地名や建物を表す名詞（例：東京／食堂）＋「で」
例：東京で（→に）住んでいます。

「に」「で」のような助詞だけでなく、「あの店のラーメンはおいしいだと思う」の「だと思う」、「熱は 38 度があります」の「〜がある」、「年が多いになる」の「〜になる」も「固まり」で使っている可能性が高いでしょう。

では、なぜ、学習者は固まりを作るのでしょうか。それは、固まりで覚えていると考えなくていいからです。私たちも英語学習の際に、'be able to' を熟語として覚え、'He is be（→φ）able to swim.' などの誤用を作ることもあ

1　（2）のデータは、I-JAS（多言語母語日本語学習者横断コーパス：International corpus of Japanese as a second language）の中の同じ課題のストーリーテリング（5 枚の絵を見て、物語を作って話す課題）である。I-JAS に関する詳細は、迫田他（2016）を参照されたい。詳細は C-JAS<http://lsaj.ninjal.ac.jp/> を参照。I-JAS の学習者は国籍ではなく、母語で分類されているため、「〜語話者」と表記している。

りました。また、第二言語としての英語習得の研究では、調査対象のモン語母語話者が質問する際に必ず 'what d'you' をつけて、'What d'you come from?'（→Where do you come from? ）と言い、'what d'you' を疑問の印として使っていたという報告がありました(Huebner 1980)。これらの表現が固まりとして覚えられるのは、その言語においてその組み合わせの使用頻度が高いことが考えられ、何度も聞いたり見たりしているうちに次第に固まりとして使ってしまうことが考えられます。つまり、使い分けのルールを考える労力を節約していると解釈できます。

2. 「わかる」と「できる」の違い

　ある中国人日本語学習者に調査をした時に、「私は日本の辛い<u>の</u>ラーメンが大好きです」「おもしろい<u>の</u>ことはたくさんありました」「両親が日本に行って勉強した<u>の</u>方がいいと言いました」と 30 分のインタビュー会話に「の」の過剰使用が見られました。あまりにも多かったので、インタビュー終了後、ホワイトボードに「おもしろい本」「おもしろいの本」「本はおもしろいのが好き」と書き、この中に間違いがあるかどうか尋ねてみました。すると、その中国人学習者は、「はい、あります。「おもしろいの本」は間違いです。名詞の前に形容詞がくる場合、「の」は要りません。」と回答したのです。その中国人学習者は、明確に形容詞の使い方の知識を持っていても、実際に使う場合には反映されないのです。考える時間がゆっくり与えられると、もしかすると、「の」の過剰使用は減るかもしれません。しかし、いずれにしても「わかる」と「できる」が違うことが推測されます。頭ではわかっていても、できないのです。私たち日本人が中学校から長い間英語を学んで文法は理解していても、実際に使えないことからも納得できます。試験の穴埋めや選択問題(例えば、「日本人に親切にして ｛a. くれた /b. あげた /c. もらった｝」の三肢選択の場合)をじっくり考えて、最終的に正答を導き出したとしても、その学習者はその表現は実際に使えない場合が多いと推測されます。

　この「わかる」と「できる」が違うのは、両者に関わる処理が異なることからくると言われています。「わかる」は十分な注意や意識を必要とする処理の

「統制的処理」であり、「できる」は十分な注意や意識を必要としない処理の「自動的処理」であると言われています。つまり、「わかる」は、知識を問うような記述試験では、ある程度、考える時間があるので、十分な注意を払って解答を考えることができますが、「できる」には、短時間でとっさに応答しなければならないので、自動的に反応できることが要求されるのです。頭で考えたことを組み立てて発話するには、「内容」と「形式」の2つの課題が関わります。この2つの課題を同時に行うことを心理学では「二重課題(dual task)」と呼び、かなり熟達しなければ上手に行うことができません。例えば、カフェで友人と話している時に、隣の席にいる人たちが自分の会社の噂話を始めたら、気になるので、そちらを聞こうとします。しかし、そうなると自分の話が上手にできなくなります。また、相手の話のメモをとりながら、相手との会話を途切れさせずに続けるのもなかなか難しいものです。

　これらの二重課題の遂行が難しい背景には、人間の注意資源に限度があり、同時に2つ以上の作業には配分されにくいためだと言われています。高野(2002)によると、外国語を学ぶ際に、学習者が上手に話せないのは、注意資源の配分の問題だとして、図1のようにしめして、説明しています。外国語に熟達する前は、内容と形式の2つを同時に考えなければならないため、内容を考えるための情報処理とそれを表す言語形式の組み立ての情報処理との2つの課題を同時処理する必要があります。そうなると、資源が限られているので、資源の不足が起き、どちらかの課題に問題が起き、文法や語彙の間違いなどが起きてしまいます。しかし、外国語にも慣れてきて、何回も口にしているような「はじめまして。どうぞよろしく。」「専門は○○学です。」のような挨拶ことばや何度も話していることばは、考えなくても出てくるようになり、自動的処理に変わると、処理に必要な資源も少ない量で遂行されるようになり、資源の余裕も出てきます。

a. 内容の処理	処理1（内容）	

b. 形式の処理		処理2（形式）

↓資源の不足

c. 同時に処理すると	処理1	

d. 熟達してくると	処理1	資源の余裕	処理2

図1　情報処理の資源の仕組み　(高野(2002:17)を参考に作成)

　この仕組みが「上手になった」「日本語能力が向上した」「日本語を習得した」という現象につながります。では、どうすれば、統制的処理の「わかる」から自動的処理の「できる」に転換できるのでしょうか。

3. 「わかる」を「できる」に変えるために

　1950年代に対照言語研究が盛んだったころ、外国語教育ではオーディオリンガル・アプローチ(AL法)が登場し、外国語学習は文法訳読の「読む・書く」から「話す・聞く」に焦点が移り、ひたすら置き換え、代入、変換などの機械的な文型練習が行われるようになりました。これらも、刺激を与えたら、すぐ反応が起きるようにするための自動化の訓練の1つだと考えられます。明治時代、日本人が英語がなかなか覚えられず、'What time is it now?' を「掘ったイモいじるな！」と覚えて使ったというエピソードも頭で考えるのではなく、固まりで覚えて、自動的に使えるように工夫したことの現れだと考えます。

　「わかる」を「できる」に変えるのに必要なことは、繰り返しです。心理学的な用語では「リハーサル」と言います。つまり、熟達するためには、何度も練習することしかないのです。先述した相手の話のメモをとりながら、相手との会話を続ける作業も、何度も試行すればできるようになります。また、同時通訳者などは、聞いた内容を訳すと同時に次の内容を逃さず聞くという二重課題を行っている職業です。そのために、同時通訳の養成課程にはさまざまな訓練が行われています。

　中国の大学では、日本語学習の1年目や2年目の時期は徹底的に暗記学習を

させる学校が多いようです。また、フランスの大学では、外国語としてのフランス語の授業では、何度も聞いて正確にディクテーションさせることを重視した指導を行っているそうです。いずれも、繰り返しが基本となっている学習方法です。いわゆる、「習うより慣れろ（Practice makes perfect.）」であり、練習することが重要であるという考え方です。すなわち、繰り返しが基本となるシャドーイングは、「わかる」を「できる」に変える練習方法であるといえるのです。

3.1 暗記とシャドーイングの違い

暗記とシャドーイングは、どう違うのでしょう。シャドーイングより暗記の方が習得上、効果が高いのではないかという質問も多く受けます。しかし、筆者は一般的な暗記には、シャドーイングと比較すると、2つの点で問題があると考えます。第1点は、暗記は学習者のペースで、覚えてしまうことにあります。シャドーイングは、耳から聞こえてくるインプットの発話速度で進みます。そのため、自動的処理の速度が速くなります。ある外国語学習法では、自然な発話速度の倍速で課題を聞かせる練習があります。倍速でリスニング練習を行うと自然な速度の課題が聞き取りやすくなるからです。つまり、聞こえてくる外国語の速度に慣れることが重要であることが推測できます。外国語の授業で教師が学習者のレベルに合わせてゆっくり話していては、実際の速度の外国語を聞いてもなかなか聞き取れません。シャドーイングの重要な点の1つは、できるだけ自然な日本人の発話速度に沿って練習することにあります。

第2点は、暗記は学習者の癖（音声的特徴や文法的間違い）をそのまま反映して覚えてしまうことがあります。暗記は内容（言語形式）を覚えることに意識が集中するため、プロソディなどの音声的特徴に注意を向けることが困難で、スクリプトを十分に聞かずに暗記をすると、単語や表現を間違ったまま覚えてしまうこともあります。間違えたまま暗記してしまうと修正がなかなか難しく、誤用が修正されないで化石化する可能性も出てきます。

3.2　リピートとシャドーイングの違い

　リピートとシャドーイングは、どう違うのでしょうか。リピートとシャドーイングは、モデルとなるインプットを繰り返すという点で似たような練習方法に見えますが、その処理過程は異なっています。シャドーイングでは、絶え間なくインプットが耳に入ってくるため、できるだけ速くアウトプットしようとする「知覚＋再生」のオンライン処理(on-line processing)が行われます。一方、リピートは、句や節や文でいったんインプットを記憶し、意味内容を確認・理解して、その後のポーズの間にアウトプットする作業で「知覚＋記憶＋再生」のオフライン処理(off-line processing)が行われると考えられます(門田2012)。

　リピートとシャドーイングに関して、興味深い研究があります。三宅(2009)は、英語学習者24名に対し、「同一の課題文章を句(phrase)ごとにリピートする場合」、「文(sentence)ごとにリピートする場合」、「シャドーイングする場合」の3つの作業を10回ずつ繰り返させたところ、シャドーイングとリピートで発話時間に違いが出ていることがわかりました。1回から10回の繰り返しを初期(1・2回目)、中期(5・6回目)、後期(9・10回目)に分けた場合、シャドーイングの場合は、初期から後期に向けて発話時間が短くなっていくのに対し、リピートは発話時間が長くなっていく傾向があることがわかりました。

　これは、先に述べたオンライン処理かオフライン処理かの違いに原因があります。リピートは、繰り返すうちに発話時間が長くなり、ゆっくりアウトプットする傾向を見せます。これは、それだけじっくりとオフライン処理、つまり、インプットを理解し記憶にとどめ、総合分析を行い、記憶の中から引き出してアウトプットするからだと考えられます。一方、シャドーイングの場合は、オンライン処理であるため、発話スピードは増し、聞こえてくるインプットをできるだけ速く処理して、次のインプットに備えたいと考えるため、意味内容の処理も短くなります(門田2012)。

　つまり、リピートとシャドーイングは、その育成される能力や学習のタイプが異なっており、リピートはインプットについて意識的に覚える顕在的学習(explicit learning)、シャドーイングは潜在的学習(implicit learning)という性

格が強いと考えられます(門田 2012)。したがって、どのような能力を伸ばしたいかによって、どちらの方法がいいかが決まります。

3.3 シャドーイングの回数

では、シャドーイングは何回ぐらい繰り返せばいいのでしょうか。先述の三宅(2009)の研究で、リピートとシャドーイングの回数と再生率(どれだけ正確にインプットを再生したかの割合)を調べた結果、句単位のリピート、文単位のリピート、シャドーイングのいずれの場合でも中期(5・6回目)までは再生率の正確さは上昇するが、その後から後期(9・10回目)まではあまり上昇を見せませんでした。

また、Hori(2008)の研究では、日本人の英語学習者26名に40～70語程度の英文テキストを説明や指示なしに、15回のシャドーイングを実施させ、1回目、5回目、10回目、15回目のシャドーイング音声を録音し、音節ごとの正確さの再生率を調べています。その結果、1回目と5回目、5回目と10回目の間には統計的有意差が見られ、10回目と15回目の間には有意差が見られませんでした。特に、1回目と5回目の間には数値の上でも著しい上昇が見られ、三宅(2009)の結果とも合わせて、再生率の正確さの観点からすると、効果を見せるためには最低でも5～6回のシャドーイングの繰り返しが必要であることが推測できます。

3.4 シャドーイングはどのレベルの学習者向きか

英語のシャドーイングの教材には、長い文章が見られることから、シャドーイングの訓練は中級レベルや上級レベルの学習者が対象であり、初級レベルの学習者には不向きではないかと考える教師もいます。しかし、シャドーイングの訓練方法や教材の選び方で初級レベルの学習者にも十分導入することができます。

斎藤他(2006)の『シャドーイング日本語を話そう　初～中級編』では、「そう?(上昇イントネーション)」「そう(下降イントネーション)」、「ほんとう?(上昇イントネーション)」「ほんとう(下降イントネーション)」のようなあい

づちや短い挨拶などが教材として取り入れられています。また、授業で使う総合教科書の単語や文型、会話など、初級レベルからでも工夫しながら導入できます。

　注意しなければならないのは、シャドーイングを導入する際のオリエンテーション（事前の説明）です。学習者のレベル、学習目的、到達目標、学習スタイルなどを考慮してシャドーイングの教材を選び、学習者にはシャドーイングの意義、方法、継続の必要性、効果の一つひとつについて説明し、学習者が理解、納得した上で実施することが重要です。

3.5　シャドーイングの教材

　よく尋ねられることの1つに、シャドーイングの教材は、ダイアローグがいいか、モノローグがいいかという質問があります。この質問に答える場合には、「何のためにシャドーイングを行うのか」という目的が重要になります。発音矯正のためか、文法項目を意識させるためか、語彙力を伸ばすためか、会話能力を伸ばすためか、文の長さを伸ばして段落のある談話の構成能力を伸ばすためか、によって教材が異なるからです。（➡詳しくは第2部第1章を参照）

　発音矯正や文法項目の学習であれば、学習者が間違いやすい、発音や習得が難しい項目や表現を含んだ教材が必要です。語彙力を伸ばすには、できるだけコンテクストがわかりやすい内容で、その語彙がよく使われる表現を中心に教材を選ぶ、あるいは作成することも考えられます。会話力や談話構成能力を伸ばすには、当然、会話や談話を教材に用いることが効果的であると思います。

　シャドーイングの教材の与え方にも、実はさまざまなバリエーションがあります。以下に、その中の3つの例をご紹介します。

　① **積み上げ型アプローチ**

　　　最初に新出単語を取り上げ、解説や使い方を説明し、その後、テキストを与え、内容を十分に理解させます。その後、テキストは返却し、音声を何回もヒアリングさせ、内容理解を深めます。内容がある程度理解できたら、つぶやき読みのマンブリングを行ったり、正確さに不

第3章　シャドーイングのメカニズム

安が見られる場合は、テキストを見ながらシャドーイングを行うシンクロ・リーディングを行ったりします。その後、シャドーイング練習が安定してきたら、最終的にテキストを見ずに、シャドーイングするコンテンツ・シャドーイングに進みます。

② 事前書き取り型アプローチ

シャドーイングを実施する前に、新出単語の解説資料と共に、テキストを音声ファイルで与えます。そして、事前に書き取り（ディクテーション）を行い、細部まで何度も繰り返して聞かせて、書き取りを完成させます。その後、テキストを与え、自分の書き取り結果と比較させて、聞き取れたところ、聞き取れなかったところを理解させ、その後でシャドーイングを開始させます。ある通訳学校では、この方法が用いられています。

③ パニック体験型アプローチ

新出単語の解説も与えず、まず音声の聞き取りをさせて、内容がどの程度理解できるかを学習者に問いかけます。最初は、ほとんど聞き取ることができず、パニック状態になることもありますが、次第に何度も聞かせ、単語の解説やシンクロ・リーディングも取り入れながら、最終的にコンテンツ・シャドーイングを行わせます。最初に、全く聞き取れなかった内容がシャドーイングの訓練をしたことによって理解でき、かつアウトプットさせることで達成感を得ることができます。

　このように、シャドーイングの教材の取り入れ方はさまざまで、目的や学習者の状況や授業の時間数などによって教師が考え、独自のアプローチを考えることができます。（➡詳しくは第2部第3章を参照）

29

3.6　シャドーイングの苦手な学習者への配慮

　聞こえてくる音声を聞きながら同時に発話するというシャドーイングは、学習者にとって負荷の高い訓練法なので、シャドーイングを授業で導入しても、積極的に取り組む学習者ばかりではなく、あまりこの訓練法を好まない学習者もいます。

　第1章の3.で紹介した学習者Cもその1人です。そのような学習者に対して、教師として最も注意すべき点は、強要しないことです。つまり、アウトプットを無理にさせず、最初は聞くこと、インプットに集中させ、正確にインプットを聞き取ることに集中させるようにします。何度も何度も繰り返し聞いていると、次第にわかる単語が聞き取れ、単語が聞き取れたら、句、節そして文がわかるようになります。それでも、無理にアウトプットさせず、何度も聞こえてくる単語や表現を自然にマンブリング（つぶやき）することを勧め、そのうち学習者自身が自然とアウトプットし始め、シャドーイングに慣れていくのを待つことです。

　また、慣れない間は、授業で導入するシャドーイングの教材を学習者のレベルよりも易しい内容にしたり、多少ゆっくりした速度の教材を使ったりすることも大切です（門田 2012）。

3.7　シャドーイングの評価とフィードバック

　最後に、シャドーイングの評価とフィードバックについて述べます。シャドーイングが自主学習としては利用されても、通常授業に導入しにくい点に、評価の問題があります。学習者一人ひとりのシャドーイングをどのように評価するのか、採点する時間が割けるのかなど、さまざまな問題が考えられます。ここでは、門田・玉井（2004）で紹介されている英語教育での実践方法をご紹介します。門田・玉井（2004: 241-243）は、音節評価法とチェックポイント法を次のように説明しています。

●音節評価法

　　音節単位での正誤を調べる方法で、シャドーイングの課題を音節ごと

に区切って、教師はスクリプトと照らしながら、学習者のテープを聞き、自然に再生されていると判断された音節数を計算し、100%に換算します。

【例】The o-zone lay-er pro-tects us from the sun's ra-di-a-tion, but it has a hole in it.（後略）

日本語の場合は、音節という単位では細かすぎる（〈例〉た-な-か-さん-が-来-た）ので、文節（〈例〉たなかさんが／きた）で区切って正誤を調べる方法が考えられます。

【例】こどもは／からあげが／好きだ

●チェックポイント法

音節評価法の信頼性を保ちながら、もっと簡単な方法として、チェックポイントを決めて、単語レベルで正誤を採点する方法です。門田・玉井（2004）は、5語ごとの語（□の語）の正誤のチェックを行います。

【例】The ozone layer protects |us| from the sun's radiation, |but| it has a hole |in| it.（後略）

日本語の場合は、形態素か文節で区切る方法が考えられます。

形態素で区切るチェックポイント（例：5形態素ごと）

【例】最近／ある／出版社／が／|社員教育|／の／教科書／を／作っ／|た|／が、／まんが時代／の／若者／|の|／ため／に／、全部／まんが／|に|／なっ／て／い／る。　　　　　　　　（水谷 1997: 9）

文節で区切るチェックポイント（例：3文節ごと）

【例】最近／ある出版社が／|社員教育の|／教科書を／作ったが、／|まんが時代の|／若者のために／、全部／|まんがに|／なっている。

（同上）

31

どの評価法を採用するか、何語ごとにチェックポイントを決めるのかは、教師のシャドーイング導入の目的やニーズ、評価にかける時間などに応じて決めることができます。

　本書の第2部では、上記の2つの方法とは別に、さまざまな観点からの評価法や添削の方法について述べています。また、フィードバックの方法についても、手動評価の実践に基づいた例をしめしながら紹介しています。（➡詳しくは第2部 第5章～第7章を参照）

　シャドーイングの訓練は、教室内で一斉に実施する場合は別として、日々、単独で行う場合はたとえ短時間であっても孤独な作業の継続です。しかし、この孤独な作業の継続が外国語習得の成果を生み出すのです。それには、教師のフィードバックが大きな影響力を持ちます。単に、教師がシャドーイングという方法を紹介するだけでは、学習者はなかなか実践しようという気になれません。しっかりとシャドーイングの効果を説明し理解させ、日々、淡々と行う学習者のシャドーイングを教師が定期的にチェックし、フィードバックを与えることが学習者の大きな励みになり、動機づけの維持につながるのです。教師の学習者へのフィードバックも、学習者のシャドーイングと同様、「繰り返し」の継続が重要であると言えます。

❶ 学習者は、「固まり」で覚えたりして、教師とは異なった規則を使うために誤用が生まれる。
❷ 外国語が「わかる（規則を理解し、知識をつけること）」と「できる（言語を使うこと）」は、異なった作業である。
❸ 外国語の上達には、「わかる」を「できる」に変えることが重要。そのためには、シャドーイングが効果的である。

■ 第1部　参考文献

阿栄娜・林良子 (2010)「シャドーイング練習による日本語発音の変化 ―モンゴル語・中国語話者を対象に―」『電子情報通信学会技術研究報告』109(451), 19-24.

市川保子 (2010)『日本語誤用辞典』スリーエーネットワーク

門田修平(監修) (2007)『正攻法がいちばん！ シャドーイングと音読 ―英語トレーニング―』コスモピア

門田修平 (2012)『シャドーイング・音読と英語習得の科学 ―インプットからアウトプットへ―』コスモピア

門田修平 (2015)『シャドーイング・音読と英語コミュニケーションの科学』コスモピア

門田修平・玉井健 (2004)『決定版 英語シャドーイング』コスモピア

門田修平・玉井健 (2017)『決定版 英語シャドーイング 改訂新盤』コスモピア

唐澤麻里 (2010)「シャドーイングが日本語学習者にもたらす影響 ―短期練習による発音面および学習者意識の観点から―」『お茶の水女子大学人文科学研究』6, 209-220.

斎藤仁志・吉本恵子・深澤道子・小野田知子・酒井理恵子 (2006)『Shadowing 日本語を話そう・初〜中級編』くろしお出版

迫田久美子 (2002)『日本語教育に生かす第二言語習得研究』アルク

迫田久美子 (2004)「シャドーイングを通してみる日本語学習者の化石化の可能性」『日本語教育方法研究会誌』11(2), 32-33.

迫田久美子 (2006)「『わかる』から『できる』への運用力養成のためのシャドーイングの研究 ―音読・書写との比較調査に基づいて―」『2006 年度日本語教育国際研究大会予稿集』96-100.

迫田久美子 (2010)「日本語学習者に対するシャドーイング実践研究 ―第二言語習得研究に基づく運用力の要請を目指して―」『第二言語としての日本語の習得研究』13, 5-21.

迫田久美子・小西円・佐々木藍子・須賀和香子・細井陽子(2016)「多言語母語の日本語学習者横断コーパス International Corpus of Japanese as a Second Language」『国語研プロジェクトレビュー』6-3,93-110. 国立国語研究所

迫田久美子・松見法男 (2004)「日本語指導におけるシャドーイングの基礎的研究 ―『わかる』から『できる』への教室活動への試み―」『2004 年度日本語教育学会秋季大会予稿集』223-224.

迫田久美子・松見法男 (2005)「日本語指導におけるシャドーイングの基礎研究 (2) ―音読との比較調査からわかること―」『2005 年度日本語教育学会秋季大会予稿集』241-242.

迫田久美子・古本裕美・橋本優香・大西貴世子・坂田光美・松見法男 (2007)「日本語指導におけるシャドーイングの有効性 ―学習者のレベルの違いに基づいて―」『日本教育心理学会第 49 回総会発表論文集』477.

迫田久美子・古本裕美 (2008)「第二言語習得研究におけるアウトプット強化の試み ―シャドーイングの教材レベルは i+1 か、i-1 か―」『日本語教育国際研究大会 2008 予稿集 2』393-396.

迫田久美子・古本裕美・中上亜樹・坂本はるえ・後藤美知子 (2009)「シャドーイング実践におけるペア学習型と教師主導型授業の比較」『広島大学日本語教育研究』19, 31-37.

氏木道人 (2006)「シャドーイングを利用したリーディング指導の実践 ―復唱訓練が読解力に与える効果について―」『関西外国語大学研究論集』84, 213-230.

高野陽太郎 (2002)「外国語を使うとき ―思考力の一時的な低下―」海保博之・柏崎秀子(編著)『日

本語教育のための心理学』第 2 章, 新曜社, 15-28.

高橋恵利子・松﨑寛 (2007)「プロソディシャドーイングが日本語学習者の発音に与える影響」『広島大学日本語教育研究』17, 73-80.

玉井健 (1992)「"follow-up" の聴解力向上に及ぼす効果および "follow-up" 能力と聴解力の関係」『STEP BULLETIN』4, 48-62.

玉井健 (1997)「シャドーイングの効果と聴解プロセスにおける位置づけ」『時事英語学研究』36, 105-116.

玉井健 (2003)「リスニングとシャドーイングの接点に見る新たな指導の視点」『英語教育研究』36, 1-19.

玉井健 (2005)『リスニング指導法としてのシャドーイングの効果に関する研究』風間書房

玉井健・笠原多恵子・西村友美 (1998)「シャドーイングによる発話の誤りに一定の傾向はあるのか」『シャドーイングの応用研究』37-45.

平井悦子・三輪さち子 (2004)『中級へ行こう ―日本語の文型と表現 59― (初版)』スリーエーネットワーク

水谷信子 (1994)『実例で学ぶ誤用分析の方法』アルク

水谷信子 (1997)『現代日本語初級総合講座』アルク

三宅滋 (2009)「日本人英語学習者の復唱における再生率と発話速度の変化の考察」『ことばの科学研究』10, 51-69.

柳原由美子 (1995)「英語聴解力の指導法に関する実証的研究 ―シャドーイングとディクテーションの効果―」『Language Laboratory』32, 73-79.

Chistovich, L.A. (1960) Classification of rapidly repeated speech sounds. *Akusticheskii Zhurnal*, 6, 392-298.

Chistovich, L.A., Aliakrinskii, V.V. & Abulian, V.A. (1960) Time delays in speech repetition. *Voprosy Psikhologii*, 1, 114-119.

Hori, T. (2008) *Exploring shadowing as a method of English pronunciation training. A Doctoral Dissertation Submitted to The Graduate School of Language, Communication and Culture*, Kwansei Gakuin University.

Huebner, T. (1980) Creative construction and the case of the misguided pattern. In J. Fisher, M. Clarke, and J. Schacter (eds.), *On TESOL '80*. Washington D.C.: TESOL. 101-110.

Kadota, S. (2019) *Shadowing as a Practice in Second Language Acquisition: Connecting Inputs and Outputs*. Oxford: Routledge.

Kuramoto, K. (2002) Exploratory research about the effect of shadowing activity on the pronunciation of EFL learners in Japan (Previous title: Improving pronunciation through shadowing). *JALT2002 Poster Session*, 1-7.

Marslen-Wilson, W. D. (1985) Speech shadowing and speech comprehension. *Speech Communication,* 4, 55-73.

第2部

実践編
シャドーイングの授業実践

　「シャドーイングは良いと思うが、授業にはどのように取り入れたら良いのか」という疑問に答えるために、第2部では、教材の選び方、練習方法、評価方法の3つを中心に述べていきます。
　また、ここでは、「シャドーイング練習用アプリを使った実践例」と国内・海外の日本語教師による「シャドーイングを授業に取り入れた実践例」もご紹介します。これらの授業実践に共通するのは、「学習者が動機づけを高く保ちながら練習を続け、日本語が「できる」ようになるようにサポートしたい」という教師の思いです。そのための工夫や試行錯誤をご紹介することで、授業でのシャドーイング指導の方法について具体的にイメージしていただければと考えています。

第1章
教材の選び方（１） ―素材の種類・長さ・音声―

　「シャドーイングを始めてみよう！」と決心した後に、多くの人が抱く疑問は、「何を使ってシャドーイングすれば良いのだろうか」というものでしょう。実は、どのような物でもシャドーイングの教材として使うことができます。教科書に付属している音声ファイル、ニュース、ドラマ、映画、電車の車内放送など、何でも教材になります。ただ、それを選ぶ時に大事なことは、それを使って練習する学習者の興味・関心、現在の目標言語でのレベル、学習目的に合わせることです。この章では、シャドーイングの教材を選ぶ時や使用する時のいくつかの観点をご紹介します。

1. ダイアローグとモノローグ

　シャドーイングの教材は、それを話す人の数によって、「ダイアローグ（dialogue）」と「モノローグ（monologue）」に分けられます。

表1　ダイアローグとモノローグの教材例（初級レベルの自主制作教材）[1]

	ダイアローグ	モノローグ
丁寧体	[旅行会社で、女性客(A)が男性の担当者(B)に相談しています。] A：すみません。ちょっと、いいですか。 B：はい。こちらへどうぞ。 A：4月の終わりに、東京へ旅行に行きたいんですが。 B：わかりました。どこか行ってみたいところは、ありますか。 A：はい。秋葉原に行ってみたいんです。	北海道は日本の一番北にあります。日本の他のところと違って、湿気が少ないです。だから、夏も気持ちがいいです。
普通体	[カフェで、女の学生(A)が男の学生(B)に相談しています。] A：4月に終わりに、東京へ旅行に行きたいんだー。 B：へー。東京のどこに行ってみたいの？ A：秋葉原に行ってみたいの。	

1　JSPS 科研費(15K02643, 18K00714)

(1) ダイアローグ

　「ダイアローグ」とは「会話」のことで、2人以上が交替で話す形態のものです。「モノローグ」に比べると、1文1文が短いことが多いです。そして、あいづち、フィラー、終助詞、間投助詞なども含まれています。また、話し手同士の親疎・上下関係に焦点を当て、シャドーイング練習を通して日本語の待遇表現を学ぶこともできます。目上や初対面の人との会話といったフォーマルな場面で用いられる「丁寧体」と、家族や友だちとの会話などカジュアルな場面で用いられる「普通体」の両方を練習することが、同じトピックにおいても可能となります。

　「ダイアローグ」でシャドーイング練習をした場合、そこで覚えたフレーズをそのまま日常場面で使う機会も多いと言えるでしょう。練習で扱ったのと同じような場面に出くわした時に、学習者たちはおもしろがって積極的に使ったりします。そして、そこにいるクラスメイトや教師も「あっ、シャドーイングで習った表現を使っている！」と気づき、うれしく、楽しくなるということもあります。このように、「ダイアローグ」のシャドーイングは日常生活の場面で活用されやすく、学習者には比較的好評です。

　「ダイアローグ」を用いたシャドーイング練習には、いろいろなやり方があります。「ダイアローグ」の話し手の一方の表現だけを学べば良い場合や、全員分の発話を1人でシャドーイングするのがまだ難しいような段階であれば、一方の発話は聞いて理解するだけにとどめ、もう一方だけを声に出してシャドーイングするというやり形もあります。そのような時は、クラスメイトとペアになり、役を振り分け、練習します。1本のイヤホンを片耳ずつクラスメイトと分け合ってシャドーイングしたり、オーディオ機器のイヤホンジャックにオーディオ分配ケーブル[2]を挿し、そこにそれぞれ自分のイヤホンをつなげてシャドーイングし合ったり、ペアの人と向き合い、タイミングを計りながら教室

2　ケーブルは JVC ケンウッドの「TWC-12A」などを使用。

のスピーカーから流れる音声をシャドーイングしたりすると楽しいです。

　難易度は上がりますが、談話の流れや話のテンポ、話し手双方の表現を学んだ方が良い場合は、「ダイアローグ」の全ての発話を1人でシャドーイングするというやり方もあります。ただし、この方法でダイアローグをシャドーイングさせた場合、「複数の役を自分1人でシャドーイングするのは難しい。話のターンがすぐに回って来るから、間に合わない。そもそも、両方シャドーイングした方が良いのか。実際は1人2役なんてしないだろう。」という指摘をする学習者がいます。おそらく、同じように感じている学習者も少なくはないでしょう。そのような疑問や違和感がない方が学習は円滑に進みます。教師は、「なぜ登場人物全員分の発話を1人でシャドーイングさせるのか」、「学習者の現在のレベルに合った練習方法なのか」ということを考え、それを学習者に説明し、納得して「ダイアローグ」の練習をさせることが理想的だと思われます。

(2) モノローグ

　「モノローグ」とは1人で話す解説文、物語文、独自文、プレゼンテーション、スピーチなどの語りを指します。「独話」とも呼ばれます。先述したように、「ダイアローグ」に比べて1文が長く、「モノローグの方がシャドーイングしにくい」と感じる学習者も少なくありません（古本 2016）。しかし、ACTFL（全米外国語教育協会：American Council on the Teaching of Foreign Languages）のOPI（Oral Proficiency Interview）で求められているように、上級のレベルにもなると、会話の主導権を握りながら、段落の長さと固まりで、正確に、そして詳細に語る力が必要となってきます。このような観点からも、「モノローグ」を使ったシャドーイング練習は、まとまりのある内容を外国語で語る力を養成するのに役立ちます。

2. 生教材と自主制作教材

　日本語教育の分野では、既に、シャドーイング用の教材がいくつか出版されています[3]。それら以外にもいろいろな素材をシャドーイングの教材として使用できますが、大まかには「生教材」か「自主制作教材」かを使用することに分けられます。そして、それらを使う目的はさまざまです。いくつか実践例をご紹介します。

(1) 生教材

　まず、生教材を利用した実践例を2つ紹介します。実践例①は、アメリカの大学で行われたもので、本来の日本語の授業に関連させながら日本文学をシャドーイング練習の素材として用いた例です。

> ### 実践例①
>
> ## 国民的な詩のシャドーイング
>
> フォード史子（アリゾナ州立大学）
>
> □教材：宮沢賢治『雨ニモマケズ』
> □レベル：日本語102（1年目の2学期）
> □人数：25名
> □教育機関：アメリカ・州立大学
>
> 　日本語1年生の2学期目の授業は天気・気候の単元から始まるので、シャドーイングの教材として、季節と、教科書ではあまり取り上げられない文学を採用したいと考えていました。そこで、すぐに浮かんだのが、日本人なら知らない人はいないほど国民的な詩、宮澤賢治の『雨ニモマケズ』でした。

3　斎藤他(2006, 2010, 2016)、戸田(2012)など

私が以前その詩を吹き込んだ音声があったので、それをmp3ファイル[4]にして学習管理システム「Blackboard[5]」で学生と共有することにしました。

授業では、まず作者を紹介した後、カタカナと漢字で書かれた原文の詩と、現代仮名と漢字の詩を比較させ、戦前の子どもたちはカタカナを一番始めに習ったことや、カタカナで書かれた原文には歴史的仮名遣いが使われており、書いた文字（「行ッテソノ稲の束ヲ負ヒ」「サウイフモノニワタシハナリタイ」など）が必ずしも発音と一致しないことなども説明しました。すると、学生たちは日本語を習い始めて4か月なので、「え～、どうして?!」とキツネにつままれたような顔になります。負ケヌ、ホメラレモセズなど、習ったことのない文語体も入りますが、しばらくシャドーイングで練習するとリズムに乗って上手になります。4年生の授業では古文も教えるので、これで将来古文を学ぼうとする学生が増えれば一石二鳥です。また、詩の意味を正しく理解させるために、正確な英語の訳を読ませることも大切です。

『雨ニモマケズ』の導入から1週間をシャドーイング練習にあてた後、1回目のシャドーイングの録音をさせます。教師はその録音を聞き、発音やアクセントの間違いにチェックを入れて学生に返します。その後、学生はもう1週間かけて教師に指摘された箇所を改善します。シャドーイングの練習は負荷が大きいので、1回につき10分が目安で、練習回数を記した用紙も提出させます。

『雨ニモマケズ』は短いので、学生たちはこの詩をよく覚えています。東日本大震災の翌年、犠牲者のために広島平和記念公園の原爆供養塔の傍らにこの詩の碑が置かれました。夏季講習で広島へ学生たちを連れていった時、公園でその碑を彼らが見つけ、歓声が上がったのには感動を覚えました。

4　音声圧縮技術の1つ、またその方法で作られた音声ファイルの形式（フォーマット）のことをいう。音声ファイルの種類には、他にwav、wma、m4aなどがあるが、mp3の大きな特徴は容量が小さいこと。

5　Blackboard<https://www.blackboard.com/ja-jp>は、アメリカのBlackboard社が開発したWeb上の学習管理システム。このシステム上で学習者は、授業の配布資料を受け取る、予習動画を見る、レポートなどの宿題を提出する、自分の成績をチェックする、クラスメイトと意見のやり取りをする、などができる。

第1章　教材の選び方（1）—素材の種類・長さ・音声—

　次の実践例②は、アメリカの TV コマーシャルをシャドーイングの教材に
使った例です。これはアメリカの高校の日本語クラスで行われた実践で、楽し
みながら集中してシャドーイングしてほしいという教師の思いから生まれたも
のです。本実践を成功に導いた鍵は、学習者がやってみたいと思ったコマー
シャルを取り上げたことと、そのコマーシャルが流れる画面に合わせてシャ
ドーイングをするという活動も取り入れたことにあると思います。また、アメ
リカのコマーシャルを日本語のシャドーイング教材に作り変える過程も参考に
なります。

実践例②

TV コマーシャルを用いてモチベーションを上げる

リード真澄（ウッドランズ高等学校）

□教材：アメリカの TV コマーシャル

□レベル：レベル 4（4 年目）

□人数：I0 名

□教育機関：アメリカ・公立高校

　授業でシャドーイングを 2 年ほど継続的に練習してきた学生たちに、ア
メリカの TV コマーシャル(以下、CM)をシャドーイングの教材として使い
ました。
　まず、学生が自分の好きな CM を選んで日本語に訳す作業から始めまし
た。最終的に学生の翻訳を教師が直し、それを画面に合わせて日本語で録
音し、シャドーイングの「お手本」、教師の声による CM の日本語吹替え
版を作成しました。この作業には iMovie[6] を使い、オリジナル CM の動画
に日本語の吹き替え音声を入れて作りました。「お手本」の音声はスピー

―――――――――
6　MacOS や iOS で使用することができる動画編集ソフト。

41

ドが速いので、学生がついてこられない場合はスピードを7割ほどに落としました。

　次に、学生はCMの画面を見ながら「お手本」の音声でシャドーイングの練習をしました。授業時間のうち10〜15分を練習にあて、2週間程練習した後、上手にできるようになった段階で録音し、学生自身の声による日本語吹替え版の動画として完成させました。CMは、オールドスパイス（男性用ボディーソープ）だけでなく、保険会社、清涼飲料水など、バラエティーに富んだ動画が出来上がり、皆で楽しく鑑賞しました。

　シャドーイングは通常、音声のみを使って練習しますが、動画を使えば集中度が上がり、シャドーイングそのものをしやすいのではないかと考え、このCM案を思いつきました。また、学生たちはテレビのCMが大好きで、始終話題にしていたので、CMを教材にすれば、楽しみながらシャドーイングができるのではないかと考えました。

　学生たちは、動画を見ながらシャドーイングをするとタイミングをつかみやすいと喜んでいました。速いスピードに苦労しながらも、楽しく練習することができた上に、最終的に「作品」を作り上げた事で、達成感もあったと思います。

オールドスパイスのCM
　レディの皆様。まずはご主人を、そして僕を見てください。もう一度ご主人を、そしてもう一度僕を見てください。残念ながら、ご主人は僕と大分違いますよね。でも、もしご主人が、女性向ボディソープを使うのを止めたら、僕みたいに、いいにおいがするかもしれません。さあ、私たちはボートに乗っています。見て！ここに貴女が大好きなコンサートのチケットが2枚あります。あっ、チケットがダイヤになりました！そう、ご主人が、素敵なオールドスパイスの匂いになったら、不可能な事は何もありません。さあ、また僕を見て！今度は馬に乗っていますよ！

"The Man Your Man Could Smell Like" <https://youtu.be/owGykVbfgUE>
を参考に著者が翻訳したものの一部

ここまで、文学作品と CM を使った実践例をご紹介しました。その他にも、ある大学で英語を教えている教師は、英語の歌謡曲をシャドーイングの教材に使っています(中山 2016)。それは、英語のプロソディを身につけさせるのが目的です。例えば Backstreet Boys の "As Long As You Love Me" や、Billy Joel の "The Longest Time" の歌の拍子に合わせてシャドーイングをすると、英語のリズム感覚が簡単に実感できるそうです。そして、歌を使った英語学習に、学生たちは何より喜んで取り組むそうです。

これらの実践例のように生教材を使うことで、生きた外国語に触れることができます。そして、学習者に人気があって、彼らが知りたいことや学びたいことで練習することもできます。そうすることで、シャドーイングに対する動機づけが高まり、練習が継続されます。生教材の場合、文字起こしをするのが大変だと感じられるかもしれませんが、音声認識ソフトやアプリ[7]を活用して文字起こしをすると、スクリプト作りにかかる時間は短縮されます。

(2) 自主制作教材

筆者は以前、日本語能力試験 N1 から N2 レベルの交換留学生を対象とした日本語の授業で、受講生である学生自身が、シャドーイング教材の動画を制作するという活動を行いました[8]。全てダイアローグの形式で、内容は、お好み焼きの作り方、恋愛、選挙、世界文化遺産など、自由に作成しました。中には、彼らが暮らす地域の方言を取り入れた教材もありました。地方に暮らしていると、地元の方々と交流する際に方言の理解に苦しむことがあります。それをシャドーイングすることで、よく使われる方言の終助詞の意味を知り、最終的には、方言で話された会話全体を聞き取れるようになることが目的で作ったようです(写真 1)。また、自分たちが主人公となって出演し、留学生が暮らす寮や近所の公園で撮影したものもありました。知り合いや知っている場所が出てくると、親近感を抱きながら楽しく練習できるであろうというのが意図でした

7　例えば、ドラゴンスピーチ(NUANCE 社)や AmiVoice（アドバンスト・メディア社)などの有料ソフトがある。無料ソフトやアプリについては、本章表 2、第 3 章を参照。

8　長崎大学での授業実践。

(写真2)。現在は、スマートフォンやタブレット1つで動画の撮影、音声の録音、編集、字幕づけなどができるため、以前より容易に自分たちが作成した動画をシャドーイング練習に使用できます。

写真1　留学生が制作したシャドーイング動画「お好み焼きの作り方（長崎方言編）」

写真2　留学生が制作したシャドーイング動画「留学生の複雑な恋愛関係」

　次の実践例③は、タイの大学で外来語の発音を克服することを目的に行われたもので、シャドーイングを楽しく行うための教材作りのヒントについてもご紹介します。

第 1 章　教材の選び方（1）―素材の種類・長さ・音声―

実践例③

「母語訛り」の外来語の発音を克服するためのシャドーイング教材

タサニー・メーターピスィット (タマサート大学)

□教材： 自主制作のシャドーイング教材(科研試行版)などからカタ
　　　　カナ語を抜粋

□レベル：中上級

□人数：20 名

□教育機関：タイ・国立大学 [9]

日本語の音韻学習、発音の意識化

　カタカナ語は、英語からの外来語である場合が多く、聞き手の理解も
容易だと思い込まれがちですが、母語訛りの英語でカタカナ語を話すと
聞き手には理解できないことがある、ということを学習者に認識させる
必要があります。そこで、練習の前に、発音で気をつけるべきモーラ(拍)
の感覚に注意を向けさせ、自分の発音は聞き手に通じるかどうか常に意
識を持たせるように指導しました。

単語レベルから集中的にトレーニング

　カタカナ語を日本語式で発音するには、5 つの母音以外の母音をどう
発音すれば良いか考えさせます。例えば、internet、commercial など
のように母音の [ə] がカタカナ語では [a] になることや、download
や application など、母音のないものは [o] か [ɯ] をつけて発音する
ことなどについては、集中練習を通して気づかせることができます。4
年生の通訳クラスでは、ビジネスに関係する単語含めた次のような文を
日本人教師と一緒に作成し、それをシャドーイング練習で使用しました。

9　学生の 7 〜 8 割は 3 年生が終わった後、日本に 1 年間交換留学をする。そのため、結果的に在籍
年数は 4.5 〜 5 年になる。

45

(1) インター<u>ネッ上</u>でダウン<u>ロード</u>したアプリケーションを、パソコンにインストー<u>ル</u>しました。	internet／download taa to do application／install puɯ lɯɯ
(2) 新発売の AP3 は、インパク<u>ト</u>のあるコ<u>マー</u>シャ<u>ル</u>が話題になっています。	impact／commercial kɯto maa lɯ
(3) この<u>プリンター</u>は、低価格で性能が良く、コス<u>ト</u>パフォーマン<u>ス</u>がとてもいいです。	printer puɯ taa cost performance to sɯ

※下線部は、日本語式で発音しなければならない音を示す。

スピード感とユーモアを交えたネイティブの会話

　シャドーイングにおいて、教材の速度はどの学習者も苦労する点ですが、私の授業では、自然な速さに近く、スピード感があり、学習者の年齢や好みに合う素材を選んだり、作ったりしました。また、学習者がシャドーイング練習に意欲をもち、楽しみ、しっかり記憶するように、ユーモアを交えた内容の教材を作り、練習に使いました。さらに、学習者の表現力育成の一助にもなってほしいという思いから、汎用性の高い会話パターンでも練習させました。

(4) 田中　：1階の**エスカレーター**前で待っててって言ったじゃない！
　　木村　：あ、**エレベーター**じゃなかったの？
(5) 山口　：この**コンビニ**は**コーヒー**だけじゃなくて、**ワイン**も売っているね！
　　上田　：うん、**コピー**もできるよ。
(6) 古本　：**アパート**の近くに**スーパー**があるんです。
　　小池　：便利でいいですね。**スパ**もあるといいですね。

　外来語の発音を克服するための鍵は、「母語訛りの発音でも通じる」という思い込みを捨てることだと思われます。また、外来語の発音を聞き取る力を養うためには、さまざまなリソースを提供することが非常に有効です。インターネット上にあるフリー素材[10]などを学習者に紹介して、彼らの興味や関心に合ったものを自由に選ばせ練習させるのも効果的だと思われます。

10　一例として、『シャドーイングで日本語発音レッスン』「発音のポイント」ミニ講座 <https://www.3anet.co.jp/np/resrcs/341240/>（スリーエーネットワーク）や、「日本語を学ぶ Study」<https://jplang.tufs.ac.jp/>（東京外国語大学留学生日本語センター・情報処理センター)や「NHK for School」<http://www.nhk.or.jp/school/clip/> などがある。

第1章 教材の選び方（1）―素材の種類・長さ・音声―

　以下の表2のように、最近では無料の動画編集ソフトや音声編集ソフトを使えば、音声の切り貼りはもちろん、音声の速度、収録した音の大きさなども変えることができます。また、スマートフォンやタブレットで編集ができるアプリもあります。

　教師が教えたいことや学習者が学びたいことが、必ずしも教材になっているとは限りません。そのような時は、最初は少し時間がかかりますが、自分たちでオリジナルの教材を作ってみるのも良いでしょう。ご参考までに、筆者らが学習者の興味・関心を調査し、それらに合わせて作成した教材（科研試行版[11]）を巻末に資料としてご紹介します。（➡ p.181 を参照）

表2　シャドーイング教材の作成に役立つ無料ツール

用途	名称	対応 OS	特徴
動画編集	Microsoft フォト[12]	Windows 10	動画内の字幕のアニメーションスタイルやレイアウト（位置）の自由度は低いが、動画編集初心者には扱いやすい。
	iMovie[13]	iOS, MacOS	字幕の大きさ・色・位置の自由度は低い。より自由に変えたい場合は、iPhone や iPad ではなく Mac で iMovie を使って作業すると良い。
	Kine Master[14]	iOS, Android	字幕の大きさ・位置・呈示時間、音量調整などの自由度は高いが、無料版にはウォーターマークが入る。
	Clips[15]	iOS	音声認識の機能も備えており、録画・録音しながら即座に字幕がつけられる。

11　JSPS 科研費(15K02643)

12　Microsoft フォト <https://www.microsoft.com/ja-jp/windows/photo-movie-editor>

13　iMovie <https://www.apple.com/jp/imovie/>

14　Kine Master <https://apps.apple.com/us/app/kinemaster/id1223932558>

15　Clips <https://www.apple.com/jp/clips/>

音声編集	Audacity[16]	Windows, MacOS	音量や速度の調整、不要な部分の切り取り、複数ファイルの結合や合成などができる。使用できる音声ファイルは wav や mp3 など。
	Sound Engine Free[17]	Windows Vista 以降	Audacity に比べると扱える機能が少なく、シンプル。音声編集初心者には扱いやすい。ただし、Free 版で使用できる音声ファイルは wav のみ。
文字起こし	Soundflower[18] と writer.app[19]	MacOS	通常は Mac の内蔵スピーカーから外に音声を出力するが、Soundflower はその音声を外に出すことなくマイク入力にそのまま送ることができる。また、「writer.app（無料プラン）」を併用することで、音声ファイルを自動的に文字起こしすることができる。

3. 教材の長さ

　シャドーイングは、聞こえてくる音声に常に注意を向け、その内容を理解すると同時に理解した情報を頭の片隅で覚えておきながら、即座に正確に声に出して繰り返さなければならない複雑な行為です。そのため、集中力がかなり必要となります。これらの理由から、毎日 5～10 分程度の練習ができ、それを 3～4 週間続けられる場合、シャドーイング教材の音声ファイルの長さは 1 分 30 秒～2 分程度が適当です。そのスクリプトの内容と難しさにもよりますが、2 分を超えると、N2 や N1 レベルの学習者でも、シャドーイングするには長いと感じるようです。市販の日本語シャドーイングの教材に、1 つのトラックが

16　Audacity <https://www.audacityteam.org/>

17　Sound Engine Free <https://soundengine.jp/software/soundengine/>

18　Soundflower <https://soundflower.softonic.jp/mac>

19　writer.app <https://writer-app.com/> ウェブブラウザは Google Chrome にのみ対応。「writer.app」で文字起こしをする際の各設定については、清瀬 (2019) を参照。「Google ドキュメント」や「writer.app」で音声認識が正しく行われるためには、入力音声が背景音楽や雑音を含まないクリアなものである必要がある。

1〜2分前後のものが多いのも、そのような理由からだと思われます。

　長いシャドーイングの大変さを体感するために、NHK のニュース（NHK ラジオニュース）を 2 分間シャドーイングしてみると良いでしょう（以下のスクリプトを参照）。NHK のアナウンサーは、1 分間に 300〜350 字程度の速さ[20]でニュースを読むそうです（NHK 広報局 2017）。おそらく、日本語母語話者であっても、ニュースの原稿を 2 分間日本語でシャドーイングするのは、想像するよりも大変なはずです。

481 字の NHK ラジオニュース[21]

---

2 時の NHK ニュースです。太陽光など、再生可能エネルギーで発電した電力の買取制度で、経済産業省は、事業者が多い中規模以下の太陽光発電の買取価格を、新年度は 1 kWh あたり 18 円と、今より 3 円引き下げるなどとした案をまとめました。太陽光など再生可能エネルギーで発電した電力を会社が買い取る価格は、政府が決めて毎年見直しています。経済産業省は今日の審議会で、新年度以降の買取価格の案をまとめました。それによりますと、事業者の数が多い、出力が 10 kW 以上 2000 kW 未満の中規模以下の太陽光発電の買い取り価格を、新年度は 1 kWh あたり 18 円と今より 3 円引き下げます。また、今年度から入札制度を導入した、出力が 2000 kW 以上の大規模な太陽光発電は、価格の引き下げに向けて競争を促すとして、新年度は上限価格をしめさないことになりました。このほか、陸上に設置する風力発電は、今の 1 kWh あたり 21 円から毎年度 1 円ずつ引き下げて、2020 年度には 18 円にするとしています。日本では、太陽光や風力発電のコストがヨーロッパなどに比べて 2 倍程度高いため、経済産業省は、買取価格を引き下げることで事業者にコストの抑制を促したい考えです。

(2018 年 2 月 7 日 午後 2 時の NHK ラジオニュース <http://www.nhk.or.jp/radionews/> より。
筆者による文字起こし)

　毎日少しずつ続けられる程度の長さと内容のものを選んだり、音声編集などをして、シャドーイング練習に取り入れてみてください。

....
20　矢野（2014）によると、1 分間に 300 字程度でゆっくり話すのが、相手に一番伝わりやすい速度で、NHK『クローズアップ現代』の国谷裕子キャスターは、その速度を常に保っていた。
21　実際のニュースでの時間は約 1 分 40 秒。

4. モデル音声(話し手)の性別と年齢

　音の聞こえやすさというものは、それを聞く人の性別や年齢によって異なります。男性の声と女性の声、子どもの声と老人の声など、いろいろな種類の声がありますが、一般的に人の耳は、2000Hz から 4000Hz あたりの周波数(高さの)音の感度が良いと言われています。そして、同じ音の大きさであっても、低い音ほど感度が鈍くなる、すなわち聞こえにくくなります。実際に、高校生や大学生といった比較的若い学習者がシャドーイングした時に、「男性の声の方がシャドーイングしにくい」という声を聞くことがあります(Furumoto 2017)。一方で、加齢と共に高い音が聞こえにくくなります。極端な例ですが、20 代を超えると、徐々にモスキート音[22](17kHz 前後の周波数)が聞こえなくなるというのがこれに相当します。

　シャドーイングは、音声が聞こえてこそできる練習です。よって、教材を選ぶ時の観点や、学習者がシャドーイングしにくいと言った時の一因として、モデル音声を話す人の性別や年齢を考慮すると良いでしょう。

　余談ですが、大学生同士の会話教材のはずなのに、それを話している声に若さが感じられない音声教材は、少なくありません。そのような教材に出会った時、教師に限らず、それを使って練習する学習者も違和感を感じることが多いでしょう。このようなことから、モデル音声を話す人の年齢と教材の登場人物の年齢ができるだけ合っている音声教材を選んだり、作成したりすることも大事です。

　時々、学習者から、好きなアニメや声優の声でシャドーイングしたいという要望があることがあります。さらに、以前、「日本人女性できれいな声は、女優の中谷美紀さんです。だから、中谷美紀さんの声でシャドーイングしたいです。」という学習者もいました。

....

22　蚊が飛んでいる時のような「キーン」という高い音から名づけられた用語。人間が聞き取れる音の周波数は一般的に20Hz〜20kHzだと言われている。モスキート音は17kHz前後の周波数をいうので、聞き取れる音の周波数の中でもかなり高い周波数である。

第1章　教材の選び方（1）―素材の種類・長さ・音声―

　以下は、学習者からのシャドーイング音声への要望や意見です。いくつかご紹介します。

　　・好きなアニメ声優の声でシャドーイングしたい。
　　・好きな俳優の声でシャドーイングしたい。
　　・女優さんのきれいな声でシャドーイングしたい。
　　・異性の声でシャドーイングするのは大変だが、おもしろい。
　　・アナウンサーの声は聞き取りやすいし、シャドーイングしやすい。

　教師はつい、「あの文型を定着させたいから、この教材で練習させよう」とか、「あのトピックについてスラスラ話せるようにさせたいから、この教材にしよう」という観点で、教師主導で教材を選んでしまいますが、シャドーイングをする学習者本人にも、なりたい声のトーンやあこがれの話し方がある場合もあります。また、練習してみたい日本語の素材というのもあるでしょう。学習者が楽しくシャドーイングを続けるためには、スクリプトの内容についての興味関心だけでなく、声のトーンや話し方にも学習者の要望を取り入れて、教材を選んだり作成したりすることも重要です。時には、学習者自身にシャドーイングの教材を選ばせてみるのも良いでしょう。そうすることで、シャドーイングを主体的に続けることが期待できるからです。

　教師がシャドーイングの教材を選ぶ時に大事なことは、学習者の興味・関心、日本語のレベル、学習目的に合わせることです。それらが合っていないと、学習者にとって負荷が大きい練習に挫折する日は簡単にやって来ます。逆に、それらが合っていると、より長く練習を続けられます。

51

❶ ダイアローグは、レベルを問わず日常場面での会話力向上に有効。
❷ モノローグは、まとまりのある内容を語る能力の向上に有効。
❸ 詩、TVコマーシャル、歌謡曲など、生教材を使ったシャドーイングは学習者に人気がある。
❹ 学習者の興味・関心に合わせた自主制作教材を作る際は、最初は時間がかかるが、活用できるツールが多くある。最近はスマートフォンやタブレットでもオリジナルの教材を作ることができる。
❺ シャドーイング教材の難易度や練習可能な総時間にもよるが、モデル音声の長さは1分30秒〜2分程度が適当。
❻ 教材の内容に合った話し方や声のトーンの音声を選ぶと良い。

第2章
教材の選び方（2）―レベル・難しさ―

　シャドーイングの教材を選ぶ際、学習者の日本語レベルと教材の日本語レベルが合っていることが、とても重要です。難しすぎる教材を選ぶと練習が続けられません。反対に、簡単すぎると練習の効果はありませんし、もちろん学習者自身がその効果を感じることも、練習による達成感を感じることも難しいです。この章では、まず、シャドーイング教材のレベルについて述べます。その後、学習者が感じるシャドーイングの難しさについて述べ、それへの対応策を提案します。

1. 教材のレベル

　まず、「教材の難易度とシャドーイング練習による効果の関連性」について述べている4つの論文をご紹介します。

表1　シャドーイング教材の難易度

「学習者の言語レベルよりも低い教材」vs.「学習者の言語レベルよりも高い教材」

レベルが低い教材の方が良い	① 門田 (2004)	シャドーイングをする場合は、自分のレベルより難しい教材では非常に困難なので、ずっと容易な素材を選ぶ方が良い。そうしてシャドーイングができたという成功体験を積むことが大切。
	② 高橋 (2012)	プロソディ・シャドーイングの場合は、内容理解が難しいと音声に意識が向かないため、易しい教材の方がふさわしい。
	③ 近藤 (2010)	易しい教材でのシャドーイング練習は、特に初心者の日本語運用能力（聴解、文法・読解）を伸ばす可能性がある。（実験対象は、ニュージーランドの大学で日本語を学んでいる大学生18名）

レベルが高い教材でも効果は見られる	④	迫田・古本(2008)	・難しい教材でも易しい教材でも、ある程度の効果が期待できる。 ・必ずしも易しい教材に限定することはない。 ・難しい教材は、特に聴解力の向上に有効であることが示唆される。 ・期間が限られた集中研修であること、動機づけが高いことなどの要因が影響した可能性がある。 (実験対象は、日本での1か月間の集中日本語研修に参加した韓国人大学生30名)

「易しい教材」の方が良いという意見と「難しい教材」でも良いという意見と両方ありますが、それには次の2つが大きく関わっているようです。

1) シャドーイング練習の目的
2) 学習者の言語学習やシャドーイングに対するモチベーション

門田(2004: 53)は、「シャドーイングの目的は、リスニングのように、聞こえてきた英文の意味を理解することではありません。あくまでも英文の後について即座に復唱するのが目的です。意味や文構造などにことさら注意することなく、音声そのものの繰り返しに集中する環境をつくることが肝要です」と述べています。

高橋(2012)は、発音の改善を目的にプロソディ・シャドーイング(➡ p.66 を参照)を行う時は、易しい教材を選ぶように提案しています。具体的には、聞いて理解できるレベル、あるいは既習の内容で未知語率は5%以下が良いと述べています。このように、プロソディックな要素(アクセント、イントネーション、リズム、速さ、ポーズなど)に注意させたい場合は、学習者にとって易しい教材を選ぶと良いでしょう。

近藤(2010)は、授業以外で日本語に接する機会がゼロに等しいニュージーランドの大学での日本語学習者を対象として、シャドーイング教材の難易度が日本語能力の伸長に及ぼす影響について研究を行っています。実験を行った結果、易しい教材は日本語学習歴が1年の初心者の運用能力の伸長に効果がありました。そして、アンケート調査を行った結果、難しいシャドーイング教材の

場合、「自宅での個人練習は、授業での全体及び個人練習ほど楽しさが感じられない」と回答した学習者が多かったそうです。そして、学習者が毎日継続して練習するために次の3つを提案しています。

1) 各自が明確な課題を持ってシャドーイング練習に取り組むこと。
2) 1人でも無理なく取り組める内容であること。
3) 難易度の考慮だけではなく、学習者のモチベーションが継続するような教材を選択すること。

(近藤 2010)

　日本国内での1か月間の集中日本語研修にシャドーイングを用いた迫田・古本(2008)では、「難しい教材」でも「易しい教材」でも、どちらでもある程度の学習効果が期待できることがわかりました。そして、「難しい教材」は特に聴解力の向上に有効であることが示唆されました。「モチベーションが高い学習者は未知の内容や難しい教材での学習効果が高い」という研究(鈴木 2007; 大石 2008)もあることから、目標言語が話されている国で第二言語として集中的に言語を学ぶような学習者には、彼らの現在の言語レベルより少し難しい教材でシャドーイングさせてみるのも良いと考えられます。それは、学習者自身に明確な目標や学習目的がある場合や、彼らの興味・関心に合った内容の教材で練習する場合も同様です。そう考えると、当然のことではありますが、教師が学習者の現状をその都度知り、彼らの学習意欲を高く保ち続けるように支援し続けることは、とても大切なことです。

2. 学習者が感じるシャドーイングの難しさ

　さて、ここまでシャドーイング教材の難易度について述べてきましたが、シャドーイングの難しさを決める要因にはいくつかあります。その中でも、先行研究[1]を概観すると、学習者自身がシャドーイング時に難しいと感じる点は、次の4つに大きく分けられます。

1　城(2010a, 2010b)、高橋他(2010)、韓(2014)、Furumoto (2017)など。

1) スピード
2) １文の長さ
3) 発音・韻律
4) 語彙と文法の難易度

　以前、日本、ニュージーランド、韓国、アメリカ、タイで日本語を学んでいる高校生、大学生、社会人に、「シャドーイングをしていて、つらかったり、大変だったりしたことは何ですか」と質問をしたことがあります。それに対する自由回答のデータをテキストマイニング（text mining）[2]という手法で分析した結果が、図１です。

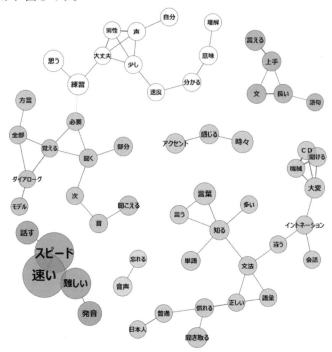

図１「シャドーイングの難しさ」についての自由記述の共起ネットワーク（Furumoto 2017）

2　「テキストマイニング」は、文章型のデータを分析する手法の１つ。顧客の声やSNSに見られる世論、アンケート調査の自由回答などを分析する時に使われる。この手法によって、大量にあるデータの中から、頻出語を抽出したり、特徴的な単語の出現回数やその出現パターンを探索的に分析したりすることができる。詳しくは、樋口（2014）や越中他（2015）などを参照。

その自由回答に多く出現した語ほど、大きい円と大きいフォントサイズで表されています。また、同じ１人の回答内でよく一緒に出現する（共起する）語同士が線で結ばれています。そして、共起関係が強いもの同士ほど、太い実線で結ばれています。

この調査では、学習者の国、所属機関、年齢、担当教師、シャドーイングに用いた教材に関わらず、調査協力者の半数以上がモデル音声のスピードに苦労していることがわかりました。彼らには、モデル音声が速いことが原因で、聞き取れないという問題と口頭再生が追いつかないという問題の両方が存在します。それへの対応策として、以下の３つが考えられます。

1) モデル音声の速度を遅くする。
2) モデル音声を編集して、ポーズの回数を増やす。
3) モデル音声を編集して、ポーズを長くする。

ただし、これらにも一長一短があります。学習者の聞き取りと理解の程度が向上する一方で（鈴木 2009）、教師の仕事量は増えます。モデル音声を編集するには時間がかかるので、これらの作業を億劫に感じる教師もいるかもしれません。また、たとえ速度を落とした教材を学習者に与えたとしても、彼ら自身ができるだけ早く自然な速度に戻して練習したいと望む可能性もあります（河路 1998）。さらに、モデル音声の速度を落とすことで、発話時間が長くなるため、聞き取った音韻的な情報を頭の中で繰り返しながら、保持しておかなければならない時間も長くなります。それによって、作動記憶（working memory）の容量が小さかったり、その容量をうまく配分して使えなかったりする学習者には、必ずしも、速度を遅くしたことが彼らのシャドーイングのパフォーマンスに有効に働かない可能性もあります。そのような可能性を考慮して、モデル音声の速さにストレスを感じている学習者には、次の３つの提案を試してみてください。

① 「まずは、同じ教材を何度も聞いてみましょう。」

　これは、約１年間、日本語学習者にシャドーイングの個別レッスンを行った時に、学習者自身が行っていた工夫[3]の１つです。新しい教材をすぐにシャドーイングしようとすると難しいので、まずは同じ教材を何度も聞いて、内容をよく理解した後にリピートやシャドーイングに移行するというのも良い方法です。それは、意味がわからない音（ことば）をなんとなく真似て発声しても、その意味内容と言語形式を理解して使えることにはつながらないというのが理由の１つです。また、聞いて意味がわからないことばを正しくシャドーイングするのはかなり難しいことで、学習者には焦りや不安が生じてしまいます。それを避けるためにも、最初は、意味が理解できるまで彼らのペースでたくさん聞かせる、そして、教師の側から「理解できるまで聞いても良いですよ」と声をかけることが重要です。ただ、ここで注意すべきことは、スクリプトを丸暗記し、それをモデル音声に合わせて発声するのでは、シャドーイングの意味がないということです。最初にたくさん聞いても良いのですが、それによって丸暗記しようとする学習者が現れた時には、シャドーイングをする目的をもう一度お互いに確認して取り組みましょう。

② 「最初は、一時停止ボタンを押しながらやってみても良いです。」

　これは、教師が言わなくても自発的に学習者自身がやっていることがあります。ただ、この一言を教師が学習者に直接伝えるだけで、彼らのストレスと不安は随分軽減します。そして、学習者自身には、「一時停止のボタンを押す回数を徐々に少なくする」という新たな目標が生まれるので、その回数が減るごとにシャドーイング練習に対する達成感も得られます。リピートにならないようにすることだけ注意してください。なぜなら、リピートとシャドーイングとでは、言語処理の時間的余裕が異なるからです[4]。（➡詳しくは第２部第３章を参照）

....

3　詳しくは、高橋他（2010）を参照。

4　倉田（2007: 264）は、「リピーティングはシャドーイングとは異なり、モデル文の聴覚呈示後、学習者が口頭再生するまでに時間的余裕がある。その間に単語認知や語彙アクセス、統語処理、意味処理など認知的な言語処理をすることが可能である」と述べている。

第 2 章　教材の選び方（2）―レベル・難しさ―

そのため、言語情報の処理と保持を並列的に行うシャドーイング特有の訓練にはなりません。また、門田（2004）は、文などの音声を聞いた後にポーズを置いてしまうと、せっかく取り込んだその言語らしい音声が既存の記憶内にある発音に関する知識に影響されてしまうため、リピートの場合には音声知覚そのものを鍛えるという学習効果が半減すると述べています。

③「声に出さなくても良いです。まずは、唇だけを動かしてみましょう。」

　大きな声でシャドーイングするのと、小さな声でシャドーイングするのとでは、その大変さはかなり異なります。シャドーイングするのが難しいと感じた時は、つぶやく程度に声に出す（マンブリング）、または、唇や口の中だけを動かす（サイレント・シャドーイング）というやり方に変えることで、負荷が軽減します。

　シャドーイングは、どの言語レベルの学習者が取り組んでも、そのやり方、教材、教師の支援によってさまざまな効果をもたらします。学習者がシャドーイングを通して日本語を学び続けられるように、教師は手を替え、品を替え、サポートすることが大切です。

❶ 言語学習の目的やモチベーションを考慮して、教材の難易度を選ぶようにする。
❷ 学習者の多くは、スピード、1 文の長さ、発音・韻律、語彙・文法の難易度の点でシャドーイングが難しいと感じる。
❸ 学習者が難しいと感じている時は、教材を何回も聞くこと、一時停止ボタンを押すこと、唇だけを動かすことなどを提案してみるのも効果的。

第3章
シャドーイングの練習方法

「よしっ。この教材でシャドーイングをしてみよう！」と決心した後に、いきなり大きな声でシャドーイングしようとするとうまくできずに、みすみすあきらめてしまう学習者は多く見受けられます。一方で、練習のやり方をいろいろ試行錯誤し、良い塩梅で自分に負荷をかけながら１人でも練習を続けられるような学習者もいます。この章では、シャドーイングでよく用いられる活動を８つ、４つの「一般的な言語訓練法」と４つの「シャドーイング活動」に分けて説明します。

1. さまざまなシャドーイング導入例

シャドーイングには、表２と表３にしめしたようにさまざまな活動があります。中には、最初から張り切ってプロソディ・シャドーイングやコンテンツ・シャドーイングをしたい学習者やさせたい教師もいるかもしれません。しかし、１つの教材でシャドーイング練習できる時間が十分ある場合や、シャドーイングを教室活動に取り入れたいと考えられている場合には、ある程度、段階を追って練習するか、あるいは、表１のようにいくつかの活動を組み合わせて練習されることをお勧めします。

第3章 シャドーイングの練習方法

表1 シャドーイング導入例

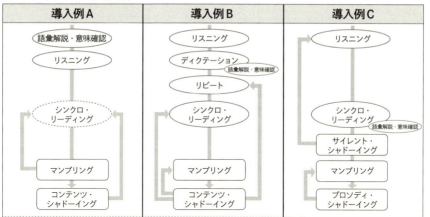

導入例A	導入例B	導入例C
手順 キーワードなどの語彙を確認後、リスニング、それに慣れたらマンブリング、そしてコンテンツ・シャドーイングへと進む。シャドーイングでうまく発音できなかった場合には、シンクロ・リーディングに戻って語彙そのものや理解の程度を確認し、練習する。	**手順** リスニングで概要を把握した後にディクテーションを行い、どれだけ聞き取れたか、理解できたかを確認する。その後、リピートやシンクロ・リーディングで口慣らしし、負荷の小さいマンブリングからコンテンツ・シャドーイングへと進む。うまくシャドーイングできなかった場合には、マンブリングなどに戻って練習する。	**手順** リスニング後にシンクロ・リーディングを行い、リスニング時に聞き取れなかった箇所を確認する。そして、サイレント・シャドーイングで唇だけを動かし、音声の速さに慣れるように練習する。その後、スクリプトを見ないマンブリング、プロソディ・シャドーイングへと進む。うまくシャドーイングできなかった場合には、マンブリングに戻って練習する。
利点と注意点 初めてシャドーイングをする場合や日本語音声を聞き取ることに慣れてない場合に有効な導入例の1つ。最初にキーワードなどを確認することで、学習者の不安が軽減する。ただし、キーワードなどを視覚呈示する場合には、日本語らしい発音を身につける効果は半減するので注意が必要。	**利点と注意点** スクリプトの意味理解に注意を向けさせるための導入例の1つ。1つの教材に長い時間をかけられる場合に適用可能で、正確なシャドーイングと深い意味理解に効果がある。ただし、時間がかかる方法なので、最後のコンテンツ・シャドーイングに辿り着くまでに根気強さと高い動機づけが必要。	**利点と注意点** 日本語の音声に注意を向けさせるための導入例の1つ。学習者本人の発音や韻律の向上、日本語の音声知覚の向上を目指す場合に有効。ただし、正しい発音・韻律でシャドーイングできても意味用法がわかっていないと外国語学習の効果は半減するので、どこかのタイミングでそれらを確認することが大事。

門田 (2018) は、一般的に効果的な手順として「1. リスニング」、「2. マンブリング」、「3. パラレル・リーディング」、「4. 英文の意味チェック」、「5. プロソディ・シャドーイング」、「6. コンテンツ・シャドーイング」、「7. リピーティング」、「8. レシテーション (暗誦)」を挙げていますが、実はいろいろなバリエーションがあり、学習者の個人差によっても手順は異なると述べています。

　どの活動から始め、どの順番で進めていくかは、シャドーイング練習における学習者自身の目標や目的、1 つの教材にかけられる時間、練習形態などによって変えると良いでしょう。その際に大事なことは、各活動を順番に進むだけでなく、その時の出来によって、一般的な言語訓練法 (リスニングやリピートなど) に戻ったり、負荷の大きい活動 (プロソディ・シャドーイングなど) から負荷の小さい活動 (マンブリングなど) に戻ったりすることです。負荷がより小さい活動では、自分が不得意とすることや日本語表現を認識することが容易であるため、それを集中的に行うことで自らの上達度も感じながら確実にシャドーイングができるようになります。さらに、練習方法にバリエーションが増すため、飽きることなく進められます。モデル音声についても、学習者自身がヘッドホンから聞き取るだけでなく、教師がスクリプトを読み上げるパターン、学習者同士ペアになり一方がスクリプトを読み上げるパターン、音声ファイルを再生し教室のスピーカーから流すパターンなど、インプットの方法にもいろいろあります。このようなことも組み合わせると、自然とその教材にも慣れていき、練習量も増えるわけです。

第3章　シャドーイングの練習方法

表2　一般的な言語訓練法　（門田・玉井(2004)を参考に作成）

1	リスニング (listening)	スクリプトを見ないで、モデル音声を聞き、話されている内容、話し方の特徴などを大まかにつかむ。	北海道は日本の一番北にあります。日本の他のところと違って、湿気が少ないです。
2	ディクテーション (dictation)	モデル音声を聞きながら、聞こえてきたものを全て正確に、紙面に書き取ったり、タイピングしたりする。	北海道は日本の一番北にあります。日本の他のところと違って、湿気が少ないです。
3	リピート (repeating)	1節または1文を聞き終わるごとに、それを声に出して繰り返す。	北海道は日本の一番北にあります。（一時停止）　ほっかいどうはにほんのいちばんきたにあります。
4	シンクロ・リーディング (synchronized reading)	スクリプトを見ながら、聞こえてくるモデル音声とほぼ同時に、遅れずに全部声に出して音読する。パラレル・リーディングとも呼ばれる。	北海道は日本の一番北にあります。日本の他のところと…　ほっかいどうはにほんのいちばんきたにあります。にほんのほかのところと…

一般的な言語訓練法1：リスニング

　多くの場合、初めて聞く音声をいきなりシャドーイングすることは難しいです。学習者はそれができないために不安を感じ、練習を続けることを早い段階であきらめてしまうことがあります。そういったことを避けるためにも、まずは音声を聞くことをお勧めします。そうすることで、話されていることの概要を理解することができますし、聞けば聞くほど理解は深まります。そして、不安が和らぎます。

一般的な言語訓練法2：ディクテーション

　自分が認識できなかった音声を確認するために、そして、目で見て内容を理解するために、音声を紙面に書き取ったりタイピングしたりしてディクテーションを行います。シャドーイングを完璧に行うためには、一言一句、話されていることを正確に聞き取らなければなりません。ディクテーションを取り

63

入れることにより、その段階で自分が聞き取れていない音声や理解不足に気づくことができます。教室活動では、ディクテーションを行った後にスクリプトを配布し、聞き取れなかった部分を確認します。そして、聞き取れなかった部分に下線を引かせたり、音は聞き取れたけど意味はわからない語句を学習者自身に辞書で調べさせたり、教師が説明したりすると良いでしょう。ディクテーションで書けなかった部分は最後までシャドーイングに苦しむ部分となる可能性も高いため、学習者にスクリプトを提示した段階で意味と発音を確認しましょう。

　なお、筆者はディクテーションの答え合わせをするタイミングで初めて学習者にスクリプトを提示しています。そのため、この段階で語彙・文法、全体的な意味の確認を行っていますが、必ずしもこの段階で行う必要はありません。シャドーイングを行う目的に合わせて、自由に変えてください。筆者がシャドーイングを取り入れる目的は、発音や韻律の習得よりも意味がわかって使えるようになることです。よって、意味がわかった上でシャドーイングを練習してほしいと考えるため、このディクテーションや意味の確認を最初の方の段階で行っています。

一般的な言語訓練法3：リピート

　節や文といった意味の切れ目まで音声を聞き、一時停止ボタンを押します。その後、聞いた音声情報を繰り返して声に出します。教室なら、音声をスピーカーから流して全員でリピートしたり、教師がスクリプトを読んでそれをリピートしたりします。うまく言えない所は何度も繰り返します。また、リピートする量を単語、節、文とだんだん多くし、発音、アクセント、イントネーションなども意識すると良いでしょう。

一般的な言語訓練法4：シンクロ・リーディング

　パラレル・リーディング(parallel reading)とも呼ばれます。スクリプトを見ながら、聞こえてくるモデル音声とほぼ同時に、遅れずに全部声に出して読み上げます。ここではモデル音声と同じ速さで声に出してついていけるように

なることを目標とします。シャドーイングの難しさの1つはモデル音声の速さにありますが、この活動ではスクリプトを見て一字一句確認しながら発音することができるので、結構ついていけるはずです。この練習を繰り返すことで速さに慣れ、口が動くようになり、全ての文が発音できるようになります。そして、「スクリプトを見なくてもシャドーイングできるかもしれない」という自信も少しずつ出てきます。プロソディ・シャドーイングやコンテンツ・シャドーイングがうまくできない場合は、この活動に立ち返って練習することをお勧めします。

表3　シャドーイング活動　（門田・玉井（2004），高橋（2012）を参考に作成）

1	サイレント・シャドーイング (silent shadowing)	スクリプトを見ないで、口もとだけを動かし、声に出さないシャドーイング。	
2	マンブリング (mumbling)	スクリプトを見ないで、モデル音声を聞きながらぶつぶつとつぶやくように発声するシャドーイング。自分自身の発声よりも聞こえてくるモデル音声に注意を向ける。	
3	プロソディ・シャドーイング (prosody shadowing)	スクリプトを見ないで、聞こえてくるモデル音声に注意し、それを正確な発音と韻律（アクセント、イントネーション）で再現するシャドーイング。	
4	コンテンツ・シャドーイング (contents shadowing)	スクリプトを見ないで、聞こえてくるモデル音声の意味に注意し、内容を理解しながら再現するシャドーイング。	

シャドーイング活動１：サイレント・シャドーイング

　スクリプトを見ない状態で声に出さず唇や口の中だけ動かしてシャドーイングします。実際に発音しなくて良いので負荷が小さく、どの学習者にとっても取り組みやすい練習の１つです。ただ、自分ができている気になりやすく、自己評価が甘くなりやすいという欠点があります。しかし、バスや電車など、周りに人がいる所でシャドーイングする時には、この方法がお勧めです。

シャドーイング活動２：マンブリング

　ぶつぶつとつぶやく程度に声に出し、シャドーイングします。小さい声なので負荷が小さいです。そして、自分の声が聞こえてくるモデル音声の邪魔をしないため、音声に集中することができます。マンブリングの時と普通に話す時とでは唇や舌の動かし方が異なるので、自分自身で声の大きさを調整しながら、だんだん通常の声の大きさのシャドーイングに近づけると良いでしょう。

シャドーイング活動３：プロソディ・シャドーイング

　聞こえてくる音、特にプロソディ（韻律）に集中してシャドーイングします。具体的には、音の高さ、長さ、速さ、イントネーション、ポーズなどに注意を向け、目標言語らしい発音と音声感覚を身につけるために行われます（郭 2014）。アクセントの習得促進を目的としたシャドーイング実践では、以下のような問いかけをし、学習者に韻律面での内省を促しています（大久保・神山・小西・福井 2013）。

　1）音の高さ低さに注意してシャドーイングできましたか。
　2）日本語のリズムに注意してシャドーイングできましたか。
　3）スピードについていけましたか。
　4）意味がわからなくても気にしないでシャドーイングできましたか。

　また、大久保（2015）は、スクリプトがあると音声に集中せず、そのまま文字を読んでしまう可能性があるため、プロソディ・シャドーイングを行う時にス

第 3 章　シャドーイングの練習方法

クリプトを見せることについては注意が必要だと述べています。

シャドーイング活動 4：コンテンツ・シャドーイング

　意味理解に重点を置いたシャドーイングです。このシャドーイングでは、モデル音声の知覚、理解、記憶、復唱を学習者は同時かつ即時的に行わなければなりません。よって、意味理解を伴わない「プロソディ・シャドーイング」よりも難しいと思われます。倉田(2007, 2009)によると、特に作動記憶容量が小さい学習者は、シャドーイング遂行時の音韻・意味処理が並行ではなく継時的であり、文理解が十分に行われない可能性があります。よって、そのような学習者にとってコンテンツ・シャドーイングは難しいものであると推測できます。

　しかし、このシャドーイングを繰り返すことで意味処理の自動化が促進されます。意味を考えながらシャドーイングするのが難しい時は、自分の声の音量を調整することで集中できるようになります。また、目を閉じて外界情報を遮断することで内容理解に注意を向けることもできます。ダイアローグのシャドーイングを行う場合は、話し手の気持ちや状況を想像しながら感情的に発音するのも良いでしょう。

2. 各活動で使えるツール

　シャドーイングの各活動を教師は合理的に、そして学習者は自律的に進めるために、いくつかのツール(アプリなど)をご紹介します。

● Google ドキュメント、Google 翻訳

　「Google ドキュメント」や「Google 翻訳」の音声入力機能を用いてシャドーイングすれば、それがどう音声認識されたかがスクリーン上にしめされるため、自分の発音の正確性や明瞭性をチェックすることができます。これは、自分の発音を自分で確認できる力、つまり「自己モニター能力」の形成につながります(山田 2012)。現在(2019 年 1 月)のところ、Google ドキュメントで音声入力が使える Web ブラウザは「Google Chrome」のみです。スマートフォンやタブレットで音声入力機能を利用したい場合は、Google 翻訳のアプリを使うと良いです。

67

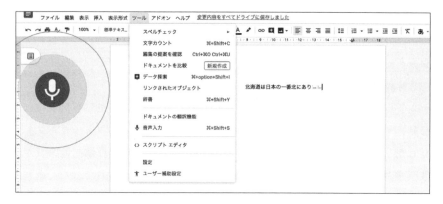

図1　Googleドキュメントで音声入力を行う画面

図2　Google翻訳で音声入力を行う画面

● writer.app

　第1章で、既に録音してある音声データを自動で文字起こしするツールとして「writer.app」<https://writer-app.com/> をご紹介しました。このツールでは、先述した「Google ドキュメント」や「Google 翻訳」と同様に、その場で話された音声をリアルタイムで自動的に文字化することもできます。

図3　writer.app で音声入力を行う画面

● UDトーク

　次に、「UDトーク」<http://udtalk.jp/> という音声認識アプリもお勧めです。このアプリは、当初、聴覚障害者のために開発されましたが、現在はコミュニケーションのユニバーサルデザインを支援するためのアプリとして知られています。スピーチや会話などの音声をリアルタイムに文字化できるだけでなく、その画面に表示する漢字のレベルや漢字のルビ表示の有無も選ぶことができ、日本語学習者にとっても有効なツールとなっています。また、UDトークでは入力された日本語の文字を音声化することや、それを翻訳して読み上げることもできます。さらに、複数の人でスマートフォンやタブレットを接続し合い、同じ画面を見ながら文字と音声でコミュニケーションを行うこともできます。

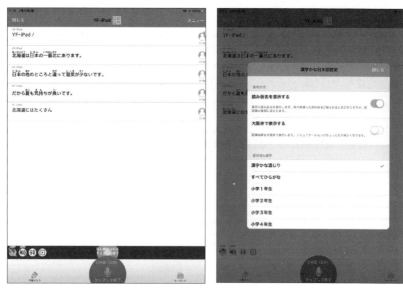

図4　UDトークの画面(左：音声入力時、右：漢字表示の選択時)

● OJAD（Online Japanese Accent Dictionary）

「プロソディ・シャドーイング」を行う時は、OJADの「韻律読み上げチュータ スズキクン」<http://www.gavo.t.u-tokyo.ac.jp/ojad/phrasing> が活用できます。シャドーイングで使用しているスクリプト情報を入力すれば、そのピッチカーブやアクセントの核を視覚的にしめしてくれます。すなわち、声の高さの動きを「見て」確認することができるので、日本語音声の特徴を理解しやすくなります(波多野 2018)。

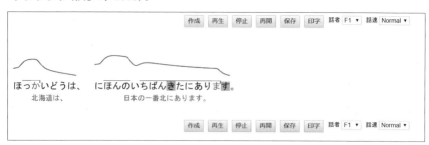

図5　OJADの「韻律読み上げチュータ スズキクン」

第3章 シャドーイングの練習方法

その他、ICT を用いたシャドーイング練習についての具体的な情報は、第4章の「シャドーイングアプリを使った実践」をご覧ください。

さて、ここまで、シャドーイングでよく用いられる活動を8つに分けて説明してきました。この章の最初で述べたように、必ずしも順番に練習を進める必要はありません。また、組み合わせも自由です。各学習者の進度に合わせていろいろな活動を行き来しながら練習を重ねることをお勧めします。

3. シャドーイングにおける自己調整的な学習

ここでは、筆者の授業でシャドーイングに取り組んだ学習者の中から、「自己調整学習（self-regulated learning）」を積極的に行っていた2名の実践例をご紹介します。「自己調整学習」とは、メタ認知[1]、動機づけ、行動の3つの要素において学習者自身が自らの学習過程に能動的に関与していることを言い、それら3要素が備わっている学習者が「主体的な学びができる学習者」や「自ら学べる学習者」だと考えられています（伊藤 2009; 瀬尾 2014）。瀬尾（2014）は、学習者が自己調整学習のサイクルを進行させていくためには、主としてメタ認知、学習方略、動機づけが必要であり、その中でもメタ認知（自分の認知過程を監視し、必要に応じて調整・制御すること）は学習の自己調整には不可欠だと述べています。

----

1 「メタ認知」とは、自分の記憶、理解、問題解決、思考といった認知過程を監視し、必要に応じて調整・制御すること（植阪 2010; 瀬尾 2014）。そのため、「メタ認知」は「もう一人の自分」と表現されることもある。

次の２名は、(1)自分自身の状態について客観的かつ詳細に分析・評価する、(2)より良いパフォーマンスを得るために練習の仕方を変更する、(3)試す、(4)目標を再確認するといった行動を自主的に繰り返した学習者です。

表４　学習者Ａと学習者Ｂについて

				シャドーイング導入後から	使用教材
学習者Ａ	イタリア出身	中級レベル (SPOT^2 スコア 60点)	図６	５〜８週目	『シャドーイング日本語を話そう・初〜中級編』
			図７	９〜12週目	『シャドーイング日本語を話そう・中〜上級編』
学習者Ｂ	中国出身	上級レベル (SPOTスコア 83点)	図８	５〜８週目	自主制作のシャドーイング教材（科研試行版：ダイアローグ「観光地」）
			図９	13〜15週目	自主制作のシャドーイング教材（科研試行版：ダイアローグ「伝統芸術」）

※ 両者ともに、週に１回の授業の中で10〜15分練習を行った。授業外では毎日５〜10分練習を行うよう指示された。

シャドーイング練習における自己調整学習の様子

2　SPOT90 <http://ttbj-tsukuba.org/doc/doc.pdf> は、筑波大学TTBJプロジェクトチームが開発したオンラインの日本語テストで、満点は90点。「自然なスピードで読み上げられる文を聞きながら、画面上の同じ文を読み、空欄に入れるひらがな一文字を選択するテスト」であり、言語運用能力を間接的・客観的に測定することができる(李他 2015)。

第3章　シャドーイングの練習方法

　以下に、学習者 A、B と筆者との「練習の記録」シート(➡ p.151 を参照)から「自己調整学習」の過程と効果をご紹介します。

	金	土	日	感想・目標など
	11/3	11/4	11/5	
5週目	10分	10分	10分	感想 発表に比べると、俗語はリズムのほうが上がったり下がったりする感じがあると思います。 今後の目標と具体的な活動 録音とおりシャドーイングするを目的します。まず、発音を理解するのが必要で、後、はっきり発音してみたいと思います。　ア ラジャ！(^-^)
	11/10	11/11	11/12	感想 11 の話のことばまだわかりませんが、一歩一歩録音のアクセントに寄っているところです。　イ 今後の目標と具体的な活動 また自分の声を録音して、それを聞きながら、全力でちゃんとシャドーイングできるようにしているのは目的です。
6週目	10分	8分	10分	
	11/17	11/18	11/19	感想 まだ「は」という発音をはっきり気がつかないことがあります。 今後の目標と具体的な活動 もっと聴解はがんばります。ちゃんとわかるほど集中して聞きたいと思います。
7週目	7分	10分	8分	
	11/24	11/25	11/26	感想 録音のリズムを近寄るのがだいたいできるようになったかもしれません。　ウ 今後の目標と具体的な活動 短所は母音の言い方をめっちゃくちゃすることがまだあるけど、口の筋肉に注意すると、ちゃんと母音の音に近くなると思います。 a, i, u, e, o どれが気になりますか？　　お〜、おもしろいですね！
8週目	7分	9分	5分	

そうですね‼まずは意味を理解してほしいです！すると、後に、その言葉も使えるようになりますよ‼

図6　自己調整学習の例①〔学習者 A の練習の記録シート[3](5〜8週目)〕

3　図6〜図9は、実際の練習記録シート原文を、データ化し筆者がまとめた。表記は原文のまま。丸ゴシックは学習者のコメント、斜体は筆者からのコメント。

73

学習者Ａは、シャドーイングの5週目に「発音を理解した後、はっきり録音通りにシャドーイングすること」を目標として練習を始めています（ア部分）。6週目は、自分の音声を録音し、モデル音と比較しながらシャドーイングを行っています（イ部分）。8週目は音声に焦点を当てて練習しています（ウ部分）。自分なりに、自らの母音の発音をモデル音声に近づけるための試行錯誤をし、その結果導き出した策を記述しています。問題解決後にその過程を通して学んだこと、すなわち教訓を引き出すことを「教訓帰納（lesson induction）」と言いますが（市川 1993; 寺尾 1998）、学習者Ａはこの記録シートでそれを行っています。

　具体的に、教訓帰納では、「自分はどうして間違ったのか」、「自分が間違いやすいパターンは何なのか」、「次回間違わないために何に注意すれば良いのか」といったことを自ら考え、言語化し、ノートに書きしめしておきます。瀬尾(2014)は、学習を自ら能動的に進めていくためには、この教訓帰納を行って、自分自身や方略、課題に関する知識を蓄積しておくことが重要だと述べています。さらに、このような知識が豊かになるほど、自分の認知状態を的確に把握し適切に対応していくことが可能になるとも述べています。また、教訓帰納は、次に似たような問題や状況に出会った時の解決にも役立つことが明らかになっています（寺尾 1998）。シャドーイングの練習方法にはいろいろなやり方がありますが、各段階で「今自分に起こっている問題は何か」、「うまくできない原因はどこにあるのか」、「それを克服するためにどうすれば良いのか、どの練習方法を選べば良いのか」などを振り返る機会を与えることで、自己調整的な学習者を育てることにつながります。

第3章　シャドーイングの練習方法

	金	土	日	感想・目標など
	12/1	12/2	12/3	
9週目	6分	5分	7分	感想 母音に集中してはっきり発音できるようになったと感想します。 今後の目標と具体的な活動 テストのために準備したが、もう少し長音が発達することができると思います。　　理想は、しっかり長く発音することですか？
	12/8	12/9	12/10	
10週目	10分	8分	5分	感想 「を」という助は「御」という敬称とどういう違うか全く理解できません。 今後の目標と具体的な活動 ディクテーションをせざる得ないと思います。先生は他のアドバイスがありますか？
	12/15	12/16	12/17	
11週目	10分	10分	8分	感想 リズムはまだにがてだと思います。長くて速い文のほうが正確なアクセントを取られない気がします。 今後の目標と具体的な活動 25号の録音が全くわかるのは目標です。後、アクセントを取るのに一文ずつタイムをしたり、よく集中したりすればいいかな。
	12/22	12/23	12/24	
12週目	10分	8分	8分	感想 家族で集中するのはよくできなかったけど、月と火曜日はちょっとリズムに発達したような気がしました。 今後の目標と具体的な活動 先生の送れたメールを見ながら、発音を正確にするようにしたいと思います。

図7　自己調整学習の例②［学習者Aの練習の記録シート（9～12週目）］

　学習者Aの9週目には、8週目で課題としていた母音の発音に集中して練習したことと明確に発音できるようになったことの報告と、「（今まで）テストのために準備してきたが、もう少し練習を重ねると長音がよりうまく発音できると思う」という自己効力感(self-efficacy：ある状況において、自分はうまく目標を達成できるという信念）（Bandura 1977)が見られます（エ部分）。学習

75

者に負荷のかかるシャドーイング練習を長く効果的に続けるには、この「でき
る」と信じる自己効力感と「上手になりたい」という意欲が大切です。

　次に、学習者Bの練習の記録を見てみましょう。

	金	土	日	感想・目標など
	5/5	5/6	5/7	
5週目	15分	9分	9分	オ　感想 文が長くて、スピードも速いから、ただシャドーイングをするなら、なかなか効果がないです。
	はじめは難しいでしょうから聞くだけ(≒理解するだけ)でも効果がありますよ。			今後の目標と具体的な活動 毎回練習する時、まずシャドーイングを一回して、それから録音を聞くだけ、自分がうまくできなかったところを確認してから、また何回をシャドーイングをします。　そうそう！
	5/12	5/13	5/14	
6週目	15分	18分	15分	感想 対話の中に私の考えと違うアクセントが何処があります。最初は気づかなかったが、よく録音を聞いた後、その何処の違いを気づいた。
				今後の目標と具体的な活動 録音のアクセントをよく聞いて、そして、それを真似るつもりです。
	5/19	5/20	5/21	
7週目	7分	10分	8分	カ　感想 今、録音を聞く時、スピードは遅くなったという感じがあるようになりました。実はスピードが変わるわけがないです。自分が録音の内容など深く了解して、最初の怖い感じがなくなったからだと思います。　おもしろい発見ですね!!
				今後の目標と具体的な活動 自信を出すのはとてもです。はじめて録音を聞く時非常心で臨んでいい。客観的に録音の難易度を分析するのはある程度で有益だと思います。　(^-^)ありがとう！
	5/26	5/27	5/28	
8週目	18分	20分	30分	感想 最近シャドーイングを練習する時、長いセンテンスがあとからあとから続いて、自分の息が乱れる場合が何度あります。
				今後の目標と具体的な活動 今後は、いいタイミングを把握して、息つぎを練習するつもりです (T_T)

図8　自己調整学習の例③［学習者Bの練習の記録シート(5〜8週目)］

第 3 章　シャドーイングの練習方法

　学習者 B も学習者 A と同様に、いろいろな練習方法を試しながら自分自身
に合った効果的かつ効率的な方法を導き出していることがわかります。5 週目
に「文が長くてスピードが速い場合、ただ無意識にシャドーイングするだけで
はなかなかうまくできないこと」を感想として挙げています。そして、それ
に対する解決策として、「まず自分のシャドーイングを録音し、自分はどこが
できていないかを確認する。その後、意識的にシャドーイングを繰り返す」と
いうやり方を導き出しています（オ部分）。また、学習者 B の興味深い行動は、
自らの成長について分析している点です（カ部分）。これも先述した教訓帰納に
相当します。また、今までよりスピードが遅く感じる原因、すなわち成功に対
する原因帰属を「内容理解の深まり→恐怖心の減少→自信の高まり」という流
れで自らの努力にあると分析している点も（奈須 1988）、学習者 B が意欲的に
シャドーイング練習を続けられる要因の 1 つです。

	金	土	日	感想・目標など
	6/30	7/1	7/2	キ
13週目	10分	10分	20分	感想 ①大阪弁のセリフは難しいですね。前半の録音は簡単で、後半は難しい。②両耳ともイヤホンをかけて練習する時、自分の声は聞こえないで、自分の状態を確認しにくい。 *Good!!* プロのミュージシャンみたいですね。おーおもしろい発見ですね！ 今後の目標と具体的な活動 ①録音全体を何回練習した後、後半だけ練習するのは効率がいい。②片耳にイヤホンをかけて練習すると、録音と自分の声音両方とも注意できる。効率もいい。
	7/7	7/8	7/9	
14週目	10分	10分	10分	感想 今週の練習は特別な発見がないです。ただ、練習する時、自分の話の流暢性がよくないと気づきました。たぶんこれが他人の話をまねているからです。自分が自然に話すと違います。もし、この録音をわざわざ覚えるなら、流暢にしゃべれるかもしれない。でも、そうするとシャドーイングとは言えなく、暗誦になってしまいます。 今後の目標と具体的な活動 やはり覚えてはいけないです。できるだけスピードをよく把握して、余計なストップを避けてがんばります。
	7/14	7/15	7/16	
15週目	0	0	0	感想 14日から17日まで旅行に行きました。だからシャドーイング練習をしなかった。18日からは毎日すこし長く時間をかけて練習しました。木曜日に40分練習した最後に、とてもいい状態に入りました。それは以前がないことです。 ク 今後の目標と具体的な活動 だから毎日短時間で練習するより、何日長時間で練習した方がいいという発想が出て来ました。 おー、おもしろいですね。心理学に「分散学習」というものがあります。調べてみて！

図9　自己調整学習の例④
　　　［学習者Bの練習の記録シート（13〜15週目）］

　13週目では、両耳にイヤホンをすると自分の声が聞こえないので自分の状態を確認しにくいという問題に対し、イヤホンを片耳だけにすることでモデル音声も自分の声も聞こえるという解決策を考え出しています（キ部分）。15週

目では、旅行中にシャドーイング練習を休んだ後長い時間をかけて練習したら
とてもうまくできたことから、短い時間の練習を毎日続けるよりも、休みの日
と練習する日を作り、練習する日に集中的に長時間する方が効果的であると
いう自分に合ったやり方を創り出しています（ク部分）。ここからも、学習者Ｂ
が自己調整学習の方略を身につけていることがわかります。

　上級レベルの日本語学習者を対象に約３か月間のシャドーイング練習を行っ
た実践研究（古本 2016）では、日本語の運用能力が大きく伸びた学習者は自分
自身の状態をモニタリングし、練習方法や目標を調整しながら練習を続けて
いることがわかりました。例えば、彼らは伸びが少ない学習者たちに比べて、
シャドーイングでうまくできなかった原因が理解面にあるのか、発声面にある
のか、今までの練習方法は合っていたのかなどについてより深く考えていま
した。そして、シャドーイングをいったんやめて何度もモデル音声を聞いた
り、自分の声を録音して聞いたりすることにより、自らの状態を詳細に分析し
ていることがわかりました。学習者ＡやＢと同じです。中には、日本人の友
人に自分がシャドーイングするのを聞いてもらい、自分では気づけない発音の
間違いを指摘してもらっている学習者もいました。一方で、伸びが少なかった
学習者たちは基本的に自己評価が甘く、うまくできなかった場合は、より集中
する、気をつける、がんばることによってシャドーイングのテストで良い成績
を収めようとしていました。ここから、彼らは「非認知主義的学習観[4]」（植阪・
瀬尾・市川 2006; 植阪 2014）が強く、学習成果に結びつきにくい方略を用いて
シャドーイングを行っていることが考えられます。

　授業という形態でシャドーイングを行うことの利点は、他者から学習方略を
学ぶ環境を提供できる点や自己調整的にシャドーイングに取り組むスキルを養
成できる点にあります。うまくシャドーイングできない場合にクラスメイトは
どう向き合っているのか、どうしてその方法を採用するのかなどの情報をクラ
ス内で共有し、自分自身のやり方と比較する時間を設けることで、自己調整学

4　「効果的な学習には、内的な認知処理よりも量や環境が重要だ」と考える信念のことで、丸暗記志
向（例：丸暗記さえすれば良い）、結果重視志向（例：答えさえ合えば良い）、練習量志向（例：勉強量さ
えこなせば良い）、環境依存志向（例：良い先生や学校などに通えば学習成果は自動的にあがる）の４つ
の志向から構成される（植阪他 2006; 植阪 2014）。

習に必要なメタ認知能力の育成やさまざまな学習方略の習得につながります。

4. シャドーイング練習にかける時間

次に、シャドーイングは毎日どのくらい行うべきか、そして、どのくらいの期間同じ教材で練習し続けるべきかについて述べます。

まず、毎日の練習時間についてですが、瀧澤(1998: 228)は、シャドーイング回数と口頭再現ができなかった(口に出して言えなかった)単語の減少傾向を調べた石田・平井(1998)の実験結果[5]を参考にした上で、「継続して毎日おこなう場合は、1日10分〜15分の練習で十分な効果を得られるであろう」と述べています。石田・平井(1998)の実験では、シャドーイングを3回続けた場合に、口頭再現できない単語数が減り続けた被験者と、3回目で再現できない単語数が増えた被験者の両方がいました。そこで、シャドーイングを2回連続で行った後に少し休憩を取り、間違いの多い単語を練習してから3回目の練習をすれば、再現できない単語は減り続けるだろうと述べています。

筆者が担当した日本語学習者の練習状況とシャドーイング教材のモデル音声の長さを照合させて考えてみると、授業外に個人で2分程度のシャドーイング教材を毎日練習するならば、1回の練習時間は5〜10分ぐらいでも十分です。なぜなら、5〜10分あれば、自分が現在どの程度上手にできるかを自分で確認しながら、集中力を維持したまま3回程度繰り返して練習ができるからです。もし仮に2分程度のシャドーイングを30分以上続けるとなると、連続的に10回以上練習することになり、そのような状況では高い集中力を保ち続けるのが難しくなります。よって、できるだけ毎日練習するためには1回の練習時間が長すぎないことをお勧めします。ただ、学習者の中には、「忙しくてシャドーイングする時間なんてない」と言う人がいるかもしれません。そのような場合には、学校に来る途中、イヤホンでリスニングしながら来るだけでも良い練習になります。早く学校に着いた時は、授業が始まるまでに少し練習ができるかもしれません。シャドーイングを授業に導入している教師は、学習者

5　被験者は英語を専攻とする日本人大学生。実験に用いた材料は、総語数が335語で、速度が125.0-129.3w.p.m.であったことから、その長さは2分半程度であったと推測される。

の声に耳を傾けながら、その一方で「続ければ、絶対に上手になる！」と励ましてあげてください。

　次に、1つの教材でどのくらいの期間練習を続けるべきかについて述べます。下記は、筆者が担当している週に1回90分の授業の場合です。

■シャドーイングの効果が出る授業例

学習者の日本語レベル	日本語能力試験 N3-N2 レベル
教材[6]	600字程度（1分45秒程度）、学習者のレベルより少しだけ上の難易度
授業時間	90分
授業内シャドーイング	10〜20分
授業外シャドーイング	5〜10分（毎日）
練習期間	3〜4週間

　このように進めた場合、多くの学習者は3〜4週間で上手にシャドーイングできるようになります。そして、スクリプトの文言を暗記した人も現れるようになります。シャドーイングをたくさん行ったことにより、スクリプトを暗記した学習者が現れるようになったら、新しい教材に移ってください。なぜなら、スクリプトを暗記して、それをモデル音声のスピードに合わせて口頭再生することと、シャドーイングすることは、認知的な処理と外国語学習への効果が異なるからです（門田 2004）。

　英語教育の分野でシャドーイングを研究している玉井健氏は、「7割くらいシャドーイングできればいいや、という気持ちで気軽にやってみてください」、「私にも言えないところは結構ありますよ」と述べています（玉井 2004）。楽しく、フラストレーションをためない方法を見つけることが英語学習におけるシャドーイング練習を続ける秘訣だそうです。学習者がシャドーイング嫌いにならないように、教師は学習者一人ひとりがどの程度できているのかを把握

6　学習者がシャドーイングに慣れた頃の教材。

し、サポートすることが大切です。

　シャドーイングは、時に学習者が孤独に陥る練習方法です。それが効果あるものにするためには、教師によるサポートや学習者同士の学び合いが重要になってきます。私たち教師はシャドーイングの教材、練習方法、練習時間などを工夫して、学習者の「上手になりたい」という意欲、「できた」という達成感、「できる」という自己効力感を維持させながら、練習の量と質を高める努力を続けなければなりません。

❶ 4つの「一般的な言語訓練法」と4つの「シャドーイング活動」を組み合わせて練習すると効果的。
❷ さまざまなシャドーイング活動の長所・短所を知っておけば、シャドーイングの練習方法にバリエーションが生まれる。
❸ 自己調整的にシャドーイング練習に取り組むスキルを育てるためには、練習における各自の学習方略をクラス内で共有する。
❹ 毎日のシャドーイング練習は、2分程度の音声で、3回程度（約5〜10分）行うのが適当。毎日継続するために、1回の練習時間が長すぎないようにする。
❺ 学習者一人ひとりのモチベーションが維持できるように、教師は彼らの学習状況に目を向け、一人ひとりに声をかけ、彼らの声を聞くことが大切。

> コラム①

ビジュアルと音声を組み合わせた
シャドーイング

　2016年から2018年の日本語能力試験のN1の平均点を見ると、海外の日本語学習者は、言語知識や読解といった文字で情報が与えられる問題より、音声で情報が与えられる聴解問題の方が苦手であることが推測されます（国際交流基金・日本国際教育支援協会 2017 など）。

　邱（2003）の研究では、台湾人の日本語学習者を対象として、日本語の単語を翻訳するという実験を行いました。その結果、同じ単語であっても、音声で与えられた単語を翻訳する場合は、文字で与えられた単語を翻訳する場合より正答率が低いことが分かりました。そして、その原因は、音声で聞く単語とその意味とが頭の中ですぐに結びつかないからだと考えられています。

　そこで、中山（2016）は、文字と音声を使って主に聴解力を向上させることを目的とした、新しいタイプのシャドーイング「VAシャドーイング法（Visual-Auditory Shadowing Method）」を開発しました。

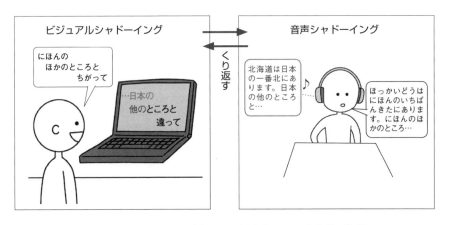

図1　VAシャドーイング法のやり方（中山2016を参考に作成）

「VA シャドーイング法」は、パソコン画面などに映し出される文字を即座に声に出して読み上げる「ビジュアル・シャドーイング」と通常の「音声シャドーイング」の2つで構成されており、これらを交互に繰り返す練習法です。

まず、「ビジュアル・シャドーイング」では、パソコン画面にモデル音声が発音される時間と同じ時間だけ、モデル音声のスクリプトが現れます。学習者はそれをできるだけ早く声に出して読み上げます。画面に出てきたスクリプトは次々と消え、新しいスクリプトが現れるので、学習者は即座にそれがどのような発音かを考え、声に出す必要があります。新幹線車内の動く電光掲示板を読み上げる場面をイメージされると良いでしょう。

一方、その後に行う「音声シャドーイング」は一般的なシャドーイングと同様で、耳から聞こえてきたモデル音声をできるだけ早く声に出して繰り返します。この「音声シャドーイング」の過程で、「ビジュアル・シャドーイング」で自分で読むことができなかった文字の読み方を耳から聞こえてくる音声で確認することができます。

「ビジュアル・シャドーイング」と「音声シャドーイング」を交互に繰り返すことは、日本語の文字とその音の結びつきの強化につながり、最終的に聴解力の向上につながります。「読めるが、聞けない」、すなわち「目標言語での読解は得意だけども、聴解は苦手だ」という学習者に効果的な方法として、現在このVA シャドーイング法の開発研究が進められています。

■ 参考文献

邱兪瑗（2003）「第二言語としての日本語単語の視覚・聴覚呈示における親密度」『広島大学大学院教育学研究科紀要第二部（文化教育開発関連領域）』52, 253-259.

中山誠一（2016）「VA シャドーイング法は日本語学習者の語彙学習に効果を発揮するのか」『実践女子大学文学部紀要』58, 58-67.

国際交流基金・日本国際教育支援協会（2017）『2016 年第2回日本語能力試験結果の概要』<https://www.jlpt.jp/statistics/pdf/2016_2_9.pdf>（2019 年1月25日）

第4章
アプリを使った実践

　この章では、本学[1]で開発したシャドーイング練習用アプリ「がんばってシャドーイング」とそれを使った実践について紹介します。この「がんばってシャドーイング」は、iOSとAndroidの両OSで使え、App Storeまたはgoogle playからダウンロードできます。英語名もそのままの「ganbatte shadowing」です。このアプリはスーパーグローバル大学創成支援事業の一環として本学と日本語プログラムの教師で作成されたもので、無料で配布しています。

図1「がんばってシャドーイング」のアイコン　（App Store用QRコード）（google play用QRコード）
© International University of Japan

　主な機能は以下のとおりです。

1) 自分の声が自動的に録音されて、モデル音声と聞き比べることができる。
2) モデル音声と自分の声の波形とピッチ曲線が自動的に表示されて、視覚的に比べることができる。

1　本章の筆者、倉品さやかが勤務する、国際大学でのプロジェクト（竹内・倉品 2017）。

1. アプリ「がんばってシャドーイング」開発の経緯

1.1 開発の背景

　本学は、全学生の約8割（2019年時点）が留学生であり、常時30か国以上の学生が在籍しています。授業や論文指導は英語で行われるため、日本語科目は必修ではなく、選択科目であり、履修する学生は3〜4割ですが、それでも、多様な出身国の学生が1つの教室に集まります。特に、履修者数が多い初級や中級では10か国前後の学生が1つのコースに集まることがほとんどです。そのため、発音に関する母語の干渉も多様で、ある国の出身の学生には共通して出てくる発音の特徴が他の学生には見られないということがよくあります。個人的な経験としては、ミャンマー出身の学生に「せん」と「さん」が聞き分けにくく、発音も「先生」が「さんせい」になる人が多いこと、タイや韓国出身の学生の「す」と「つ」、中国出身の学生に清濁が難しいといったことが傾向としてあります。しかし、教室で指導する際、発音がよくなるまで他の学生の前で何度も言わせることはその学生にとっては恥ずかしく、心理的な負担が大きくなることが想像できます。そういったことに配慮し、本学では個別の発音指導が何らかの方法でできないものかと考えていました。

　「発音教育をしたい」「個別に指導がしたい」。でも「授業時間数が限られている」。それなら「教室外で空いている時間に自由に学習者が練習できないか」という考えが他の教師とも共有され、シャドーイングアプリの開発を考え始めるきっかけになりました。

1.2　シャドーイングとアプリ

●シャドーイングの効果

　シャドーイングと発音に関しては、近年、数多くの研究がされています。荻原（2007）では、週1回45〜60分の練習を3か月間行った結果、8名中7名のアクセント誤用の割合が減少していたと述べています。高橋・松﨑（2007）、阿・林（2010）でも、アクセントやイントネーションが改善されたと報告されています。唐澤（2010）では数回のシャドーイングの練習でも発音の改善に効果があったとしています。開発当時には見ていなかった研究も上に含まれています

が、このような研究から、発音教育にシャドーイングが有効なのではないかという考えに至りました。また、シャドーイングは発音教育に限ったものではなく、迫田（2010）で、JLPT の成績が向上したことから言語情報処理の面にも効果があるとされています。

●個別性と自覚性

「個別指導や個別に練習ができる」、「自分で気づく」という点も開発時に考えたことでした。英語教育における研究ですが、熊井・大野（2010）ではシャドーイングを授業に取り入れる際の問題点に、大人数の場合はモデル音がかき消されるために学生の声が小さくなることがあるため、LL（Language Laboratory）の活用例が増加していると述べています。さらに、LL 活用例は増加しているが、LL は設備がないと練習ができないこと、自宅で練習ができないこと、フィードバックをすぐに返せないこと、他の学生との比較がないため自分の発音を客観視したり参考にしたりすることができないことなどを挙げ、これらの問題を解決するために独自のシステムを構築しています。システムの主な内容は、シャドーイングの録音、自己評価、相互評価ができるというものです。熊井・大野（2010）が挙げた問題点は、筆者の経験からも思い当たるものばかりです。教室で一斉に練習をする良さはもちろんありますが、学習者が個別に練習できるツールが有意義ではないかと考え至りました。熊井・大野（2010）で開発したシステムはウェブを活用していますが、筆者らが開発を考えていた当時は、スマートフォンを持つ学生が増えていましたし、オフラインでも練習ができるようにしたいとも考え、アプリを開発することになりました。

　以上のことを開発の計画中に考え、次のようなアプリが完成しました。

2.「がんばってシャドーイング」の機能

ここでは、本アプリ「がんばってシャドーイング」の操作手順に従って機能を紹介します。

2.1 練習方法を知る

本アプリをデバイスにダウンロードしてアプリを開くと、図2のような画面が出てきますが、一般ユーザーはログインの必要はなく、下部の「Non-IUJer」をタップします。上部にある「Login」は、本学の学生用です。2.6で述べる学習管理システム（LMS：Learning Management System）をクラスで使用する場合に使用します。

図2　ログイン　　　　　　　図3　Introduction
© International University of Japan

次に、「Introduction」画面が出てきます（図3）。ここには「シャドーイングって何？」という利用者に向けた簡単な英文説明があります。また、関連するさまざまな練習方法を短い英文とデモビデオで紹介しています。これを最初の画面に入れたのは、このアプリを開発する前に授業でシャドーイングを行った際、特に初級のクラスで説明するのに苦労した経験があり、媒介語（英語）とデモビデオを使って説明できないかと考えたためです。シャドーイングのことを知らない学習者がある程度の知識を事前に得られるようにすれば、クラスで

はすぐに練習に入れるのではないかというねらいです。

第2部第3章にあるように、シャドーイングの導入の方法にはさまざまなバリエーションがありますが、本アプリでは門田（2007a）、Murphy（2014）を参考にし、シャドーイングの前後に行うことのできる活動を含めて、以下の7つを説明しています[2]。

- Silent shadowing（サイレント・シャドーイング）
- Mumbling（マンブリング）
- Prosody shadowing（プロソディ・シャドーイング）
- Content shadowing（コンテンツ・シャドーイング）
- Parallel reading（パラレル・リーディング[3]）
- Repeating（リピーティング[4]）
- Recitation（レシテーション[5]）

各練習をタップすると、その練習方法を説明した英文と練習する男性の様子が映った短いデモビデオが見られます[6]。7種の練習の違いがわかるように、いずれも同じ表現（「ありがとうございました」）を練習しているデモビデオにしています。例えば、「Silent shadowing」では、モデル音声として「ありがとうございました」が流れますが、練習している男性は口を閉じて、イントネーションを確認するように手だけを動かして頭の中で音声を再生している様子が

2　この紹介順は練習の流れをしめしているわけではない。第2部第3章にあるように目的に合わせ、さまざまな導入方法がある。

3　スクリプトを見ながら、聞こえてくるモデル音声とほぼ同時に声に出して読み上げる方法で、「シンクロ・リーディング」とも呼ばれる。本アプリでは、「パラレル・リーディング」を使用。

4　アプリ作成時に参考にした門田（2007a）から、「リピーティング」という名称を使用。

5　「レシテーション」は、シャドーイングで練習したものを苦も無く言えるまで暗唱する活動（門田2007a）。「リピーティング」と「レシテーション」は、門田（2007a）で時間的に余裕がある場合にさらに展開できる教室活動として挙げられている。本アプリでは、周辺の練習方法も紹介したいと考え、「Introduction」に入れた。しかし、第1部第3章にもあるように、暗記とシャドーイングは効果や目的が異なると考える。

6　本アプリ作成時、海外の通信速度などの環境がわからなかったため、容量が少なくなるようにこのような短い表現を使ったデモビデオにした。

流れます。「Parallel reading」では、練習をしている男性は紙(テクスト)を見ながら練習している様子が流れます。

2.2 練習する教材を選ぶ

実際に練習を始めるには、図3の「Introduction」の画面を右または左にスライドします。「Practice」画面(図4)の左下にある「Tasks」をタップして、練習するレベルと教材を選びます。「Questions」画面(図5)には教材が「Basic & Elementary」「Intermediate」「Advanced」と3つのレベルに分かれて入っていますので、練習するレベルを画面の下から選び、タップします。

練習する教材として、初級は48種類、中級は14種類、上級は8種類あります。初級は全て二者間の会話(ダイアローグ)の形になっていて、「おはようございます」「おはよう」(初級1)のような挨拶、「すみません。ビールをひとつ、お願いします。」「はい、かしこまりました。」(初級6)のような簡単な会話から、徐々にスクリプトの長さやターンの数を増やし、さまざまな文型を入れました。

図4 Practice

図5 Questions

© International University of Japan

第4章　アプリを使った実践

表1　アプリ内の教材概要

レベル	教材番号	会話／独話	場面
Basic & Elementary （初級）　　★	1〜48	会話（2人）	一般的な生活場面、 学生生活場面
Intermediate （中級）　　★★	1〜8	会話（2人）	一般的な生活場面、 学生生活場面、会社場面
	9〜14	独話（1人）	スピーチ、プレゼン場面
Advanced （上級）　　★★★	1、2 3、4	会話（3人） 会話（2人）	全て会社場面
	5〜8	独話（1人）	スピーチ、プレゼン場面

　中級の前半は初級と同様に二者間の会話（中級1〜8）ですが、中級の後半（中級9〜14）は一人で話す独話（モノローグ）の形も入れました。上級も会話と独話がありますが、三者間での会話も含まれています（上級1と2）。会話の場面は、レベルによって偏りはありますが、一般的な生活場面、学生生活場面、会社での場面などさまざまなものが練習できるようになっています。以下に中級と上級の教材例をご紹介します。

表2　各レベルの教材例（中級と上級）

中級1（二者間の会話、会社場面）

A: すみません。ちょっとお願いしたいことがあるんですが。
B: ええ、何でしょうか。
A: 実は、今度クライアントの会社で日本語でプレゼンをすることになったんです。
B: ああ、そうですか。
A: それで、一度プレゼンを見て、直していただけるとありがたいんですが。
B: ええ、わかりました。いいですよ。

中級11（独話）

　わたしがうれしかったプレゼントは、友だちにもらったメッセージカードです。日本に行く前、日本に行くのはとても楽しみなことでしたが、心配なこともありました。知っている人もいないし、文化も違うし、さびしくなるかもしれないと思っていました。

　でも、友だちにそんな気持ちを言ったことはありませんでした。私が日本に行く前の日に、友だちがうちに来て、メッセージカードをくれました。そこには、クラスの友だちからのメッセージがたくさん書いてありました。とてもうれしかったです。さびしいとき、これを見ると元気になります。とても大切なプレゼントです。

> **上級 1（三者間の会話）**
>
> A: 本日は、わが社の社会貢献について議論したいと思います。意見がある方はどうぞ。
> B: はい。ボランティア活動の制度を見直してはどうでしょうか。例えば、ボランティア休暇が二週間以上取れるといいと思います。
> C: 私もその意見に賛成です。長い休みが取れれば、遠い場所にもボランティアに行くことができます。このシステムの見直しは社会貢献につながると思います。

　画面下からレベルを選んだら、練習する教材ファイルを1つずつダウンロードします。ファイルを1つずつダウンロードするようにしたのは、先に述べたように世界のさまざまな通信速度や通信環境を考えて、一気にまとめてダウンロードすることによるトラブルを回避したいと考えたためです。そして、一度教材をダウンロードしたら、オフライン環境でも使用できるようになっています。

　どのレベルのどのような教材から始めるべきかということについては、さまざまな見解があります（➡詳しくは第1部第2章、第2部第1章, 2章を参照）。英語教育の分野では、門田・玉井 (2004: 55) や門田 (2007a: 236) が「i–1」や「i–2」、つまり今の学習者のレベルよりかなり低めのものを選んだ方が適当ではないかと述べています。しかし、日本語教育では、迫田・古本 (2008) にあるように少しレベルが高めのもの「i+1」でも効果があるとされています。

2.3　練習方法に合わせて設定する

　教材をダウンロードし、「Download」が「Start」に変わったら、そこをタップします。次に出てくる画面 (図6) で、シャドーイング時の日本語スクリプト表示の有無、モデル音声の再生方法の設定をします。

第4章　アプリを使った実践

図6　設定画面

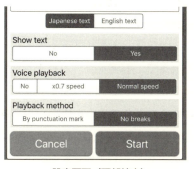

設定画面（下部拡大）

© International University of Japan

　この画面で、2.1で紹介したさまざまな練習に合わせた設定ができます。例えば、プロソディ・シャドーイングをする時には、「Show text」を「No」にしてスクリプトを表示しないで練習しますが、パラレル・リーディングをしたい時にはスクリプトを見ながら練習しますので、「Show text」を「Yes」にして練習します。

　また、アプリを開発する前にシャドーイングをクラスで行った時、学生から「モデル音声が速くてできない」と言われることがありました。最終的には自然な速さで練習するにしても、最初にスピードの速さについていけないことでつまずいてあきらめてしまわないよう、再生スピードを0.7倍速にできるようにしました。モデル音声のスピードが速いと学習者が感じた場合、「Voice playback」を「×0.7 speed」にして練習してみることをお勧めします。また、モデル音声のスピードを遅くするのではなく、区切り（ポーズ）のある音声で練習するという方法でも対応できます。「Playback method」を「By punctuation mark」にすると句読点ごとに区切りの入ったモデル音声が再生されます。

　また、上半分にはシャドーイングをする音声の日本語スクリプトが表示され

ますが、その下の「English text」をタップすると英語翻訳が見られ、学習者にとっては意味理解の助けになります。

2.4 練習する・聞き比べる・ピッチ曲線を見る

　設定が終わり、「Start」をタップすると、モデル音声の再生と録音が始まります。図7は、スクリプトを表示して、区切りがある音声再生を設定した場合の画面で、モデル音声が再生されている部分が赤く表示されます。下の「Finish」がタップされるまで録音され、「Finish」をタップすると録音が終了し、自動的に図8のような画面が出てきます。ここで自分の声を聞き返したり、モデルの音声と聞き比べたりできます。

　自分でシャドーイングをする場合、「あ、今、言えなかった」と思いながらもとりあえず先に進もうとすることに必死で、終わってみると、どこがどう言えなかったのかが曖昧になることがあります。また、録音して聞いてみると、思った以上に自分が言えてないことに気づくことができます。本アプリでは、別の録音用アプリを使わずに、同じアプリ内で録音ができるので、シャドーイングの自己評価で自分の声を聞く時に便利です。

図7　練習画面

図8　ピッチ曲線表示画面
© International University of Japan

第4章 アプリを使った実践

　自分の声を聞く際には、図8中央部の「Recorded voice」にある三角をタップします。モデル音声を聞きたい場合は上部にある「Model」の三角をタップします。2つを使いながら聞き比べ、自分の音声の至らないところに学習者が気づくことをねらっています。

　また、モデル音声と自分の声が曲線で表示される機能も備わっています（図8）。モデル音声の曲線が上半分に表示され、録音された音声が下半分に表示されます。本アプリを作成する前に、上級のクラスでシャドーイングを取り入れたことがあります。その時、学生が自分の声とモデル音声を聞き比べることで何に気づくのかを知るため、授業後に感想を書いてもらいました。数名は、自分で線や点を使って、モデルはこうだが私はこうだったとアクセントやイントネーションの違いに気づき、それをノートに表現できていました。そういう学生がいる一方で、「自分の声は変だ」「自分は遅いから次はもっと速く言えるようになりたい」というようなことを書くことにとどまる学生もいました。音の高低が曲線によって視覚的に表示されれば、学習者は自分の至らない点などに気がつきやすくなるのではないかと考えます。しかし、拍のような長短を曲線で判断するのは難しいと思われ、清濁や「す」と「つ」の違いなどもわかりません。この曲線はシャドーイングで高低の違いに効果が出やすいので、そこの一助になればと思います。その他に、シャドーイングではありませんが、録音した声の曲線が出ることを生かして、「雨」と「飴」のようなミニマルペアでのアクセントの違いを見せることもできます。2.3の設定画面で「Playback method」を「No」にすれば、モデル音声が出ず、自分の声だけを録音し、曲線表示することができるので、違いが視覚化できます。

　モデル音声と自分の声の曲線を見比べる際の操作については、図8の中央右にある「Link」を使って、上下をそろえた方が比べやすくなります。シャドーイングは、モデル音声に数秒遅れて自分の声を出すものなので、自分の声の曲線が右に少しずれた状態で表示されます。そのため、「Link」を外して比べたい部分の頭をそろえ、再び「Link」をすれば、上下で同じ部分を言っている曲線を並べて見比べることができます。

　注意点としては、練習する際にモデル音声も一緒に録音されると、下に表

95

示される曲線はモデル音声と自分の声の両方が混ざったものになってしまうので、練習の際にはイヤホンの使用を推奨しています。そうすることで、マイクから拾われる自分の声だけが「Recorded voice」になります。

2.5 音声を保存する・過去の練習と比べる

　練習をある程度の期間続けていくうえで、前回練習した時の自分の音声と比べたり、学習を記録したりすることが継続のモチベーションにつながるのではないかと思われます。本アプリでは、練習した日時、練習時の設定(日本語スクリプトの表示の有無など)と共に自分の録音した音声を保存することができます。シャドーイングは何度も繰り返し練習するので、それを全て保存すると容量が多くなってしまうため、図8の画面で保存するかどうかを選択します。画面下部の「Save voice file」をタップすれば保存され、保存したくない場合は、「End（終了）」または「to previous screen（前の画面に戻る）」を選択します。

　保存した音声を聞いたりその記録を見たりしたい場合には、「Practice」(図4)に戻り、「Tasks」の隣にある「My portfolio」を選択します。

図9　My portfolio 内の Question

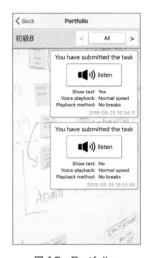
図10　Portfolio
© International University of Japan

図9は、「My portfolio」を選んだ直後に現れる画面です。まず、ここでどの教材を練習したかが確認できます。練習がまだ保存されていなければ「No data」になっています。保存されたデータがあれば、「Task submitted」となっており、そこをタップすると、図10のように表示され、上に述べたように練習日時とその時の設定がわかります。「listen」をタップすれば、曲線表示画面（図8）に変わり、2.4で述べた自分の声を聞く、モデル音声と聞き比べる、曲線を見る、曲線を見比べることができます。学習者自身のシャドーイング練習全体の振り返りに活用できるでしょう。

2.6　教師のフィードバック（本学のみ）

本アプリは、学習者が一人でもシャドーイングの練習ができることが作成目的の1つでした。そして、個別指導ができるようにしたいということも1つの目的だったので、本学で使用できる学習管理システム（LMS: Learning Management System）も本アプリと一緒に開発しました。

本アプリ単体でも、練習後の振り返りとして、モデル音声と自分の声を聞き比べたり、スクリプトと自分の声を比べて言えなかった部分に気づいたり、モデル音声と自分の声の曲線表示を見比べたりすることができます。しかし、2.4で述べたように一人で自分の声を聞くだけでは気づきが起こりにくい学習者もいます。また、フィードバックに関しては、迫田他(2009)にあるように、教師指導型の方が有効な場合があります（➡詳しくは第1部第2章を参照）。そこで、教師側からフィードバックができる機能も搭載しています。その他、LMSでできる機能は以下の通りです。

1）練習したかどうかを確認できる。
2）課題の提出があれば、その音声を聞くこと、曲線を見ることができる。
3）提出された課題についてコメントを返すことができる。
4）次の課題の設定ができる。
5）学内公開用として別の教材を加えることができる。

本アプリを使用してシャドーイングの練習をし、学生が課題を提出する際、教師が「スクリプトを見ないで普通のスピードで練習したものを提出してください」と言っても、スクリプトを見ていたりスピードを遅くしていたりすることがありました。クラス内の学生数が多いと個人作業で何をやっているのか見えにくい場合もありますが、LMS の活用によって、学習管理やアドバイスがしやすくなります。また、練習をしばらくしていない学生に連絡を出すなど、長期的な練習の継続の助けにもなることでしょう。

　シャドーイングの練習は、教師側からのフィードバックだけではなく、学習者同士のフィードバックが有効な場合もありますし、古本(2016)にあるように学習者同士で話をして観点を共有することが有効なこともあります。
　本アプリは、個人学習用(独習用)に開発されたものですが、クラスでのシャドーイング練習にも活用できます。クラスでの授業実践については次節で紹介します。

3. 「がんばってシャドーイング」を使った授業実践

　この節では、本アプリを使った授業の流れと学生の様子を紹介します。

■ 初級後半レベル

学生数	9名
実施回数	2回（1回15〜20分）
使用教材	初級 1、2（その後、自由に選択）

●初回の授業

①シャドーイングについての説明

　アプリを使う前にも、教科書付属の音声ファイルを使って、リピートやシャドーイングの練習はしていましたが、ここで改めてシャドーイングの

98

練習を個別にやる前にさまざまな練習方法を紹介する目的で、本アプリの「Introduction」にある英文とデモビデオを使って説明しました。

②アプリの操作方法の説明

iPad を使って、ログインから最初の練習をするところまでの一連の流れを見せながら説明しました。学生は普段からスマートフォンやタブレットを使い慣れており、またアプリは英語表示だったため、操作を一度見せるだけで自ら練習を始める学生がほとんどでした。その中で操作がうまくできない学生が数名いたので、その学生たちに対しては個別に付いて一緒に操作を行いました。

③自主練習 15 分

「15 分間練習する」「何回か練習して、うまくできたと思うものを提出する」という指示だけを出して、練習をさせました。操作に不慣れだった学生もすぐにやり方を理解し、練習を始めました。

④フィードバック

特に授業内では個別にフィードバックはせず、授業後に LMS を介して、学生から提出された音声にそれぞれ短いコメントをつけて送りました。

⑤学生の様子

教材は特に指定はしませんでしたが、全員が初級 1 または 2 の教材を使って、15 分間、繰り返し練習をしていました。初めてだったのでその興味もあってか、どの学生もアプリの画面と音声に集中している様子でした。初級 1 と 2 は短い会話の教材なので、飽きるのではないかと多少危惧していましたが、特に飽きている様子はなく、教師が 15 分経ったことを伝えるまで集中して練習を繰り返していました。また、操作方法で問題があった場合に備え、教師は教室内を回って見ていましたが、特に質問もなく、練習をしていました。教師が近づくと急に顔を上げた学生がいたの

で、操作がわからないのかと思いきや、「家でもできますか」という質問
で、うれしく思いました。

　教師側としては、操作説明がなくてもある程度自分でできるように本ア
プリを設計はしていたのですが、操作に関して混乱が起きないかと懸念が
ないわけではありませんでした。しかし、一度操作を見せた後は自分たち
で練習を進められる学生が思ったより多く、安心しました。また、授業内
でまとまった人数に一斉に使ってもらうことは初めてでしたが、大きなト
ラブルはありませんでした。何よりも集中して個人で練習を繰り返し、15
分経過したことに気づかない学生がほとんどでした。

●2回目の授業

①アプリの操作説明：フィードバックを見る方法

　前回の提出物にコメントをつけて返していたので、それを見る方法を操
作しながら説明しました。

②自主練習

　前回の練習では会話1と2から順に練習しましたが、今回は学習者に自
由に選ばせました。

③学生の様子

　2回目だったので、操作に関しては特に問題がない様子でした。一斉に
練習する場合、教師が進度や操作の遅れている学生の対応をしている間、
その他の学生は待たなければならないこともありますが、本アプリを用い
た授業では、イヤホンをして、それぞれが声に出して個別に練習するもの
なので、「操作がわかる人はもうどんどん練習を始めて」と言うことがで
きます。こういった面は個別に課題に取り組める練習の利点ではないかと
思います。

　練習する教材については、少し長い会話に挑戦する学生も出てきて、前
回ほど簡単には言えず、苦手な部分だけを何度も繰り返し練習している様

第 4 章　アプリを使った実践

子が見られました。また、右手で高低を取りながら練習している学生もいました。

　フィードバックも学生のやる気を引き出したようで、コメントが届いているのを見て、驚く学生、ぱっと明るい顔になる学生などいろいろな反応がありました。そして、そのコメントを見て、まずは前回の練習に再チャレンジするところから始まり、次の教材に移るという様子も見られました。フィードバックは授業後に提出された音声を LMS で聞き、コメントを一つ一つつけて返しました。

■ 初中級レベル

学生数	25 名
実施回数	4 回（1 回 15 ～ 20 分）
使用教材	初級 20，35，37，44 ～ 47

●初回の授業

①シャドーイングについて説明

　まず、学習者は各自でアプリをダウンロードし、教師は、ログイン方法を教えました。初級後半レベルの実践と同様に、シャドーイングについての簡単な説明とその練習方法について、アプリの「Introduction」を使って、説明をしました。このクラスはシャドーイングの経験がなく、シャドーイングについての知識がそれほどありませんでした。

②自主練習

　今回は、学生のレベルを考え、初級の中ほどの教材（初級 20）をまず自習するように指示しました。その後は学生の自主性に任せ、前後の教材で好きなものを練習しても良しとしました。ただし、練習した音声のうち 1 つは提出するように指示しました。

101

③学生の様子とフィードバック

　初級後半レベルでの実践の経験から、アプリの操作には慣れている学生が多いだろう、直感で操作できるだろうと思い、アプリの使い方を丁寧に導入しなかったため、質問をする学生が多く出ました。もちろん半数以上はすぐに練習を始められたのですが、クラスサイズが大きくなると操作に不慣れな学生の数も多くなり、教師一人で個別に対応するのは大変でした。普段からさまざまなアプリを使い慣れている学生や操作がわかった学生にサポート役に回ってもらう、わからない学生を集めて再度丁寧に説明するなどの対応が望ましいでしょう。

　初級後半レベルの学生同様に、一度操作がわかれば熱心に練習に取り組んでいました。授業後にLMSを開くと、かなりの数の音声ファイルが提出されていたことからも学生が繰り返し練習していたことがわかりました。フィードバックも初級での実践と同じように、LMSを使用して個別に短いコメントを送りました。

●2回目の授業

①操作方法の説明

　前回の授業の反省から、操作方法と練習の手順を再確認するため、配布物を使いながら丁寧に説明してから練習を始めました。

②自主練習

　教材を2種類指定して自主練習を行いました。1回目の授業では多くのファイルが提出されたことはよかったのですが、フィードバックに時間がかかるため、よくできた音声を1つ提出するように指示しました。また、前回の学生の様子から、とにかく練習をしては送るという作業をしているだけになっている学生も見受けられましたので、「良くなるまで繰り返す」ことを意識させるためにもこのように指示しました。

③学生の様子とフィードバック

　学生から提出された音声の練習時の設定を見ると、スクリプトを表示した状態での練習にとどまる学生が多いことがわかりました。シンクロ・リーディングも練習の1つではあるのですが、最終的にはスクリプトを見ないでプロソディ・シャドーイングやコンテンツ・シャドーイングをするよう指示していました。また、よくできたものを提出してもらっているのですが、「プレゼン」を「プレゼント」と言い間違えたものや一部助詞や表現が抜けた音声も含まれていました。学生には、録音された音声をモデル音と聞き比べるように指示していましたが、聞き比べるだけでは間違えや、自分が言えていない箇所に気がつきにくいことが分析されます。フィードバック時に言えていなかった部分をコメントとして書いてLMSを通じて送りました。

●3回目の授業

①操作方法と練習方法の説明

　前回の提出ファイルの記録から、練習の方法、特にプロソディ・シャドーイングやコンテンツ・シャドーイングについて改めて確認しました。そして、そのための設定方法を再度説明し、クラスで一連の操作を行いました。

②自主練習

　前回とは異なる教材を2つ指定し、1つは提出するように指示しました。学生はスクリプトを表示しない設定を選択して、プロソディ・シャドーイングやコンテンツ・シャドーイングをした音声を提出していました。

　また、前回の反省から、学生がモデル音声と自分の音声の聞き比べで、言えていない箇所に気づいていない可能性があることがわかったため、スクリプトを配布して、それを使って自分の音声を確認するよう指示しました。

③学生の様子とフィードバック

アプリの使い方にも慣れてきて、スクリプトを表示しないでプロソディ・シャドーイングやコンテンツ・シャードイングをする学生が増えてきました。スクリプトを表示して練習している学生もいましたが、それは、プロソディ・シャドーイングをしてみたがまだ難しいのでスクリプトを見て練習する、というように意識的に表示をしている様子でした。前回の授業で提出された音声のフィードバックとして、言えていなかった部分を教師からのコメントで指摘したこともあり、注意深く自分の音声を聞いていました。

設定画面のその他の設定（「Voice playback」と「Playback method」）について詳しい説明をしていなかったため、学生によって練習のやり方に違いが出ていました。さまざまなアプリの使用に慣れている学生は、自分で触りながら設定を変えることができていましたが、そうではない学生は設定を変えずに同じ練習を繰り返している様子が見られました。特に、初級の後半の教材は、会話のターン数が増えたり、一文が長くなったりするので、途中で言えずに苦労している学生がおり、区切りと速度調整の設定について説明する必要があるとわかりました。

● 4 回目の授業

①操作方法（区切りと速度調整機能）の説明

既に知っている学生もいましたが、前回の反省から、設定画面にある「Voice playback」と「Playback method」の機能を紹介し、一連の作業を全員で行いながら覚えてもらいました。ただし、練習はそれでもいいが、最終的に提出する音声は、今まで同様にスクリプトを見ずに自然な速度のモデルについてシャドーイングをしたものを提出するように指示しました。

②自主練習

1～3回目の授業と同じく、本アプリを使って自主練習をしました。

第 4 章　アプリを使った実践

③アプリを使わない練習

　自主練習の後、この日はゲスト講師として迫田先生に来ていただき、シャドーイングの効果などについて話をしていただきました。その後、今日の自主練習の課題であった教材を、アプリではなく教室内で一斉に練習したり、ペアで行う練習を体験したりしました。

④学生の様子

　普段は本アプリを使った自主練習で終わっていたものが、迫田先生のご指導でペアでの練習を実施し、それが最終的なまとめ練習のような位置づけになり、学生にとって新鮮な様子がうかがえました。

3.1　全体を通して

　アプリの操作に関しては、初めに 1 つの練習をするまでの流れを一度クラス全体に向けてデモンストレーションするといいと思います。「Introduction」やさまざまな設定については一度に全て説明しようとするとそれだけで時間がかかってしまい、練習になかなか入れないので、必要に応じて個別あるいは授業の回数を追うごとに紹介する方が効果的です。その後は練習を個別に始めさせ、操作のわからない学生に個別に対応する、または操作がわかった学生に協力をしてもらうといいでしょう。

　個別で練習する際の環境としては、イヤホンの使用を推奨します。2.4 に書いたようにモデル音声が自分の声と一緒に録音されないために必要です。それだけではなく、イヤホンをすることで自分の空間を作りやすくなり、練習に集中できます。さらに、自分の声を聞かれるのが恥ずかしい学生の抵抗感も軽減されます。

　練習方法としては、個人で練習する時間は 10 ～ 15 分程度が集中力を保て、飽きずに続けられる時間ではないかと思われます。授業の初めにウォーミングアップとして行ってもいいですし、宿題として特定の教材を指定して翌日にクラスで一斉に練習することもできます。「初中級レベル」の授業実践で紹介したように、クラス内での自主練習後にペアや一斉練習をするのも自主練習の成

105

果を確認できて効果があると思われます。

　学生は、一度操作がわかれば集中して熱心に練習を繰り返す様子を多く見てきました。シャドーイングの練習と本アプリを気に入った学生は、クラス外でも練習をしていると報告を受けますし、LMSで見ても次々と教材をダウンロードして練習している学生がいるのがわかります。普段使用しているスマートフォンに１つのアプリとして入っているため、気軽に練習ができるようです。また、教材としてさまざまなレベルと会話の種類が多く入っているので、学生は自分の興味や難易に合わせて練習できるので飽きないことも利点だと思います。録音機能があるので、自分で聞き返せる点は、自分の納得のいくまで繰り返す動機づけにもなっています。一方で、なかなか声を出して練習をせず、聞く練習にとどまっている学生もいます。初めて練習をする時は、学生が恥ずかしがってなかなか声を出さない場合には、イヤホンを使用することに加え、教師が声に出して練習するとそれにつられて小さい声で始める学生もいます。一度声を出してしまえば、慣れて声を出すようになります。小さい声では自分の録音された声が聞き取れないために大きい声で練習しだす学生もいます。また、熱心に練習はしているものの自分の録音音声の提出をしない学生もいます。モデル音声と自分の声を聞き比べることに関しても、自分の声を聞くのが嫌だという学生もいました。このあたり、学習者への対応は今後の課題です。

　フィードバックや教師の役割としては、学生がつまずいている時に練習方法や教材を変えるアドバイスをすることが１つ挙げられます。個別練習であるため、他の人が何をしているか見えず、どんな練習をしているかわかりにくいです。学習者の困っている様子が見られたら、易しい教材に変えたり、速度を遅くしたりすることを勧めてみるといいです。反対に、簡単だと言う様子でどんどん進めている学生がいたら、シンクロ・リーディングからプロソディ・シャドーイングへの移行を助言することも有効だと思います。また、提出された音声から、自分が言えていない部分に気づいていない学生には、そこを指摘すると、自己評価をする方法に気づくことができます。

第 4 章　アプリを使った実践

　この章では、シャドーイング練習用アプリ「がんばってシャドーイング」の機能や使い方と教室での授業実践を紹介しました。一人でシャドーイングを練習する際の補助アプリなので、基本的にはダウンロード後に自分で練習ができます。しかし、教室でも個別練習として時間を指定して毎日少しずつ行ったり、一斉練習やペア練習と組み合わせて行ったりする使い方もできます。

❶ アプリを使った練習は学習者がいつでもどこでも手軽にでき、自分のペースで練習ができることが利点。
❷ 時にはアプリを使った個別練習後に、クラスで個人の成果を共有できる活動を入れるのも良いでしょう。
❸ 教師からは、練習方法、教材選択、練習後の振り返りや自己評価の方法に関して学習者の様子を見ながら適宜アドバイスをすると効果的。

第5章
シャドーイングの評価（1）－手動評価－

　シャドーイング練習を進める過程で、以下のことは学習者と教師の双方が知りたいことです。

・どの程度上手にシャドーイングできたか。
・うまくシャドーイングできなかった部分はどこか。
・うまくシャドーイングできなかった部分はどうやって修正すべきか。
・効果的なシャドーイング練習を続けているのか。
・シャドーイングを続けることで目標言語は上手になっているのか。

　そして、その後の練習を継続させ、それを意味あるものにするためにも、いろいろな段階でシャドーイングのパフォーマンスを測定・評価・フィードバックすることがとても重要になります。しかし、シャドーイングの評価基準についての体系的な調査や実験はほとんどなく、シャドーイングを導入する目的に合わせて教師がそれぞれ作成しているのが現状のようです。そこで、この章では、シャドーイングの評価（手動評価）とフィードバックの仕方についてご紹介します。

1. 手動評価とは

　学習者のシャドーイング・パフォーマンスを評価する場合、教師が手動で、すなわち、マニュアルで評価することが多いのが現状です。

　手動で評価する場合でも、全体的な印象に基づく評価から、評価するポイン

トを事前に決めてシステマティックに評価していく方法まで、さまざまなものがあります。以下に5つの評価法をご紹介します。

2. 全体的印象による評価

　評価者は、学習者のシャドーイング・パフォーマンスを聞き、その全体的な印象に基づいて評価します。多くの場合、1から5までの5段階とか、1から7までの7段階のように、印象による評価点をいくつかの段階に分けて評価します。このような段階的な評価に加えて、その学習者のシャドーイングに対して、全体的にどんな印象を受けたか、どのような部分での間違いが多かったか、今後シャドーイングする場合にはどんな点に注意していく必要があるかなど、評価者の診断的なコメントも加えてフィードバックします。そうすると、学習者は今後のシャドーイングの改善に関する方向性を得ることができて、シャドーイング練習に対する学習意欲や継続して練習していこうという気持ちが高まります。

　一方、全体的印象評価には問題点もあります。印象に基づく評価なので、評価者の主観がどうしても入ります。評価者が外国語としての日本語教育にどのくらい関わっており、外国人日本語学習者の音声評価にどれだけ慣れているのかなどによって、評価得点や評価コメントも大きく変わってくる可能性があります。同じ学習者のシャドーイングに対して、ある評価者は5段階中5点をつけて肯定的なコメントを多く出しても、別の評価者は5段階中2点をつけて、否定的なコメントを多く出すような場合もありえるのです。

3. 観点別による評価

　全体的印象で評価すると、どうしても評価者によるばらつきが大きくなりがちです。このばらつきを少なくするために、発音やリズムやイントネーションなど、評価する観点をいくつかに分けて、5段階や7段階で評価していく方法があります。この方法ですと、発音やリズムとかイントネーションのような各々の側面に集中して評価できます。この結果、全体的印象で評価する場合よりも正確で精密な評価結果を得ることができます。

同じ学習者のシャドーイングに対して、発音、リズム、イントネーション、全体的印象という4つの観点で5段階や7段階で評価するとします。その後、4つの観点ごとの評価点について、ある観点の評価点が高いと別の評価点も高くなる傾向があるかどうかを調べます。もし、そのような傾向があれば、2つの観点による評価得点は、相互に関連していて相関関係があるといえます。さらに、全体的印象による評価得点と相関が高い観点はどれかを見ていくことで、全体的印象に大きく寄与している要因は、発音、リズム、イントネーションのうちのどれであるかも明らかになってきます。実際に、評価者によって、全体的印象に影響する要因も異なることが多いようです。ある評価者は発音に重点を置いていて、その人の全体的印象評価は発音と相関が高くて発音の上手さに大きく影響を受けていることがわかります。別の評価者は、イントネーションに重点を置いていて、その人の全体的印象評価はイントネーションと相関が高くてイントネーションの上手さに大きく影響を受けていることもわかります。このように、全体的印象による評価得点と観点別の評価得点とを比較することで、評価者ごとの評価の特徴や癖も明確になってきます。

　シャドーイングを観点別に評価する場合、発音、リズム、イントネーションのほかに、声の大きさ、機敏さ、語彙アクセスなどがあります。機敏さは、モデル音声を聞いてすぐに口頭再生を開始しているか、あるいは、モデル音声を聞いてから口頭再生するまでにかなりの時間的な遅れが見られるかを表します。語彙アクセス（lexical access）は、学習者がシャドーイングしている時、何という語句を口頭再生し理解しているか、あるいは、何という語句かわからないままオウム返しのように音をただ真似ているだけかを表します。もちろん、シャドーイングするスクリプトの意味内容を事前によく理解してからシャドーイングする場合には、このような語彙アクセスで問題が起きることはほぼありません。しかし、上級用のシャドーイング練習として、初めて聞くモデル音声をシャドーイングする場合には、何という語句かわからないままオウム返しのように音をただ真似ているだけという現象が起きがちです。

4. 正確な再生率に基づく評価

　全体的印象による評価の主観性をできるだけ排除し、評価者による評価点のばらつきを少なくする評価法の1つとして、学習者がシャドーイングでどのくらい正確に口頭再生できたかという割合に着目する方法があります。

　まず、評価者は、シャドーイングに使う日本語スクリプトを見ながら、学習者のシャドーイング音声を繰り返し聞き、正確に口頭再生できている単語には1点、できていない単語には0点をつけていきます。具体例として、「初級用のシャドーイング教材」[1] を例にして考えてみましょう。

北海道は、日本の一番北にあります。
日本の他のところと違って、湿気が少ないです。
だから、夏も気持ちがいいです。
北海道には、たくさん観光するところがあります。
北海道に行ったら、ラーメン、カニ、メロンを食べてみたいです。

　評価者は、「北海道は、日本の一番北にあります。」という文を、単語ごとに分けます。

　学習者のシャドーイングを繰り返し聞きながら、「北海道」が正確に口頭再生できていれば、この部分に1点、できていなければ0点をつけます。完全に正確ではないけれども部分的に再生できている場合には、できている割合に応じて部分点として、0.5点とか0.3点とかを与えます。一方、口頭再生でこの単語を飛ばしてしまったり、黙ってしまっていて無音だったりする場合は0点になります。

1　JSPS 科研費(15K02643, 18K00714)

●ケース①：うまくできた場合

　　口頭再生＝ほっかいどうは　　にほんの　いちばん　きたに　あります

　　スクリプト＝北海道は、／日本の／一番／北に／あります。
　　　　　　　　　　　1　　　　　1　　　1　　　1　　　　　　1　合計＝ 5 点

●ケース②：うまくできなかった場合

　　口頭再生＝ほっかいどうは　　にほん　いばん　.......　あります

　　スクリプト＝北海道は、／日本の／一番／北に／あります。
　　　　　　　　　　　1　　　　0.5　　0.3　　0　　　　　　1　合計＝ 2.8 点

　このように、単語ごとに、どのくらい正確に口頭再生されたかに応じて得点を与えていきます。その得点を合計します。

　続いて、日本語スクリプトの中の全ての単語が正確に口頭再生された場合の合計点を出します。最後に、学習者が正確に口頭再生できた合計点を、日本語スクリプトの全単語数に基づく合計点で割ります。パーセンテージでしめすには、この割合に 100 を掛けます。

　こうして、モデル音声に対して、どのくらいの割合で口頭再生できたかの割合を算出することができます。

$$正確な再生率 = \frac{正確に口頭再生できた単語の合計点}{スクリプトの全単語数に基づく合計点}$$

　このような再生率で評価すると、全体的印象評価と比較して、客観的な評価になり、評価者間の得点のばらつきを少なくすることができます。ただし、この再生率に基づく評価法にも問題点はあります。

　1 つ目は部分点の問題です。前述の例で、「北海道」が正確に口頭再生できていれば、この部分に 1 点、できていなければ 0 点をつけ、完全に正確ではないけれども部分的に再生できている場合には、部分点として、0.5 点とか 0.3 点とかを与えると解説しました。「北海道」のような 1 つの単語が、どの程度正確に口頭再生されているかを判断する場合、評価者によってばらつきが生じ

ます。このようなばらつきを防ぐためには、1つの単語の中でモーラを基準にして何パーセント間違っていたら0.5点に、何パーセント間違っていたら0.3点にするというような細かい事前の取り決めが必要になります。

　2つ目の問題は、評価対象の範囲をどれだけ細分化していくかという点にあります。単語単位で評価するので部分点が必要になるわけですから、単語単位より、もっと細かい単位で評価すれば、もっと妥当性と信頼性の高い評価ができます。すなわち、厳密に評価するには、単語単位でなく、音節単位や音素単位で評価点をつけることが考えられます。しかし、このように評価する単位を細分化し、その部分が正確に口頭再生されているかどうかを、録音された学習者のシャドーイングを繰り返し聞くとなると、評価にかかる時間とエネルギーは膨大になっていきます。

　このように、シャドーイング評価に再生率を使う方法は、客観性は増す一方で、評価にかかる手間が大きくなります。このため、毎回の授業にシャドーイング練習を組み入れて、授業の最後に学習者のシャドーイングを提出させ、教師がそれを評価して次回の授業までにフィードバックするというサイクルをとるのは非常に難しいことがわかります。

　3つ目の問題は、再生率を計算する時、各々の単語の発音が正しいかどうかを判断することが中心になり、リズムやイントネーションのような韻律面の評価が後退する傾向がある点にあります。評価点をつけていく時、単語や音素ごとに分けてつけていくことはできます。しかし、リズムやイントネーションは単語と単語にまたがって評価する必要があります。そのため、発音の再生率を出すことと比べて、リズムやイントネーションの正確な再生率を出すことは難しくなります。

5. 簡易的な再生率による評価

　先に紹介した正確な再生率に基づく評価は、時間とエネルギーが膨大にかかります。そこで、簡易的に再生率を計算して評価する方法が2つあります。

　1つ目は、シャドーイングする日本語スクリプトの5単語ごとに注目して評価するというやり方です。これですと、スクリプト全体を評価するエネルギー

と時間の約5分の1でできます。ただし、5単語ごとに注目するということは、残りの4単語は無視されることになり、評価の対象にならない部分は全体の80%なので、この中で生じた誤りは評価得点に反映されないことになります。

　2つ目は、シャドーイングするスクリプトの最後の部分にだけ着目して評価するという方法です。この最後に着目する評価法は、あくまでも、長いスクリプトを学習者が何の準備もなしに初めて聞いて口頭再生するシャドーイングを評価するときに用いることが前提です。例えば、スクリプトが10個の段落からできている場合には、最後の2段落に着目し単語や音素単位で評価します。この評価法では、対象部分について単語や音素について評価するので、発音の正確さなどにおいて、妥当性と信頼性のある評価結果になります。

　スクリプトの最後に着目する理由もあります。スクリプトが短い場合には、全体を評価の対象にしても、それほど評価者の負担にならないでしょう。一方、シャドーイングに3分以上かかるような長いスクリプトの場合は評価者の負担は多くなるため、全体ではなく、最後の部分に注目して評価するのが効果的といえます。長いスクリプトを初めてシャドーイングすることは、かなり難しい言語活動です。しかし、このような難しい作業だからこそ、その学習者がどれだけ日本語の音声や語彙や文法に関する知識を総動員してシャドーイングできるかが試され、その学習者のもつ日本語能力がありのまま反映されることになります。その場合、最初の部分では、学習者はシャドーイングのモデル音声に十分に慣れていなかったり、口の動きもまだ滑らかでない状態であったりすることも少なくありません。中間部分では中だるみすることもありますが、最後の部分では、学習者はモデル音声にも慣れて、シャドーイングできるようになることが多いと思われます。これは、初対面で相手がなまりのある日本語を話す場合、最初はそのなまりのために理解できないところが多くても、ずっと聞き続けていると、だんだんと理解できる部分が多くなるのと同じです。したがって、最後の部分は、その学習者のシャドーイング・パフォーマンスとしてある程度平均的なものに近く、そこに着目して評価点をつけることは、学習者がもっているシャドーイング能力を適切に評価するのにふさわしいと考えられます。

6. 重点ポイントを設定した評価

シャドーイングのスクリプトに含まれる発音やリズムやイントネーションや文法や語句の中で重要なポイントを事前に決めて、その部分が正確に口頭再生されているかどうかで得点を与えていく方法、つまり、重点ポイントを設定しての評価をご紹介します。

●マーカーによる簡単な評価法（同じ内容を 3 回で指導）
　　※ 1 回目：緑色ペンで記入、2 回目：青色ペンで記入、3 回目：赤色ペンで記入

> 北海道は、日本一番＜の＞北にあります。
>
> 日本の(他の)ところと違って、湿気 が少ないです＜ね＞。
>
> だから、夏も気持ち(が)いいです。

＝＝＝＝	発音の誤り	例：湿気 ➡ しけ　　だから ➡ たから
～～～～	文法の誤用	例：あります ➡ います　　違って ➡ 違った
────	語句の誤用	例：北にあります ➡ 下にあります
（　　）	脱落	例：日本の(他の)ところ ➡ 日本の ..... ところ 気持ち(が)いいです ➡ 気持ち ... いいです
＜　　＞	挿入	例：一番北に ➡ 一番＜の＞北に 少ないです ➡ 少ないです＜ね＞

次に、日本語学習者が間違いやすい部分を、発音やリズムやイントネーション別に評価者が事前に決めて、その部分に焦点を当てて評価点を与える場合の評価法をご紹介します。「日本の他のところと違って、湿気が少ないです」という文で、「湿気」という単語に注目します。「しっけ」が正しい発音ですが、日本語学習者の中には促音が発音できずに、「しっけ」を「しけ」のように発音してしまう人もいます。そこで、「しっけ」と正しく発音できていれば○で 1 点、「しけ」のように促音の部分が不完全の場合には部分点として△で 0.5 点、

全く別の発音になっていたり飛ばしたりしている場合には×で0点を与えるようにします。このように、事前に設定した発音やリズムやイントネーション上で重要なポイントを事前に設定し、各々の部分に評価点を与えて、最後にそれらを合計することで、発音の評価点、リズムやイントネーションの評価点を出していきます。

●音声面に着目した評価法

口頭再生＝にほんの　ほかのところと　ちがって　しけが　すくないですぅ↗

スクリプト＝にほんの　ほかのところと　ちがって　しっけが　すくないです。↘

　このように事前にチェックすべき重要ポイントを決めておくと、評価者間の評価得点のばらつきを少なくできます。ただし、ポイントになる部分の発音やイントネーションに対して、どのくらい正確に口頭再生できているかに応じて、どのくらいの部分点を与えるかなど、評価基準を事前に厳格に決めておかないと、評価者間のばらつきが大きくなってしまうこともあります。

　表2に、あらかじめ教師間でチェックポイント（項目）を決めた例をご紹介します。

表2　シャドーイング　問題発見シート

	項　目	気づき　（※項目のみの書き取り）
1	気になる単音	例）たすけて→たずけて　つくえ→ちゅくえ　おじいさん→おじさん
2	語彙レベルの聞き取りにくさ	例）じかん→じがん
3	繰り返し起こる逸脱	例）長音が短い（おじいさん→おじさん　どう→ど） 促音がない（あったようにおもう→あたようにおもう） 助詞の脱落　ラ行音の母音脱落？
4	繰り返し起こる挿入	例）助詞の「の」　マ行の前の「n」の挿入
5	ポーズの不自然さ	例）ポーズを置かずだらだら話す
6	全体の流暢さ	例）たどたどしさ
7	アクセント	例）アクセントを頭高にしやすい
8	スピード	例）時間がかかる
9	その他	例）文全体のイントネーション（助詞が強い、文末が上がる） ラ行が巻き舌になる

7. 手動評価のまとめ

手動評価の特徴をまとめると、次の表のようになります。

表2　手動評価のまとめ

	方法	長所	短所	具体例
全体的な印象による評価	全体的な印象に基づいて5段階や7段階で評価、あるいはコメント記述する	良い点をほめて改善点を指摘するようなコメントだと学習意欲を高められる	・評価者の主観になりがち ・評価者によるばらつきが大きい	[5段階評価] 1：よくできていない 2：あまりよくできてない 3：ふつう 4：よくできている 5：たいへんよくできている
観点別による評価	発音、リズム、イントネーション、全体的印象などのような観点を設定し、各々について5段階や7段階で評価する	観点ごとに、その学習者のシャドーイングの良い面と改善すべき面が明らかにできる	「重点ポイントの評価」のように、事前にチェックすべき単語や語句や文は定められておらず、各々の観点について、評価者の印象に基づいて評価されるので、評価点のばらつきが大きくなる	[5段階評価] 1. 発音 　1・2・3・4・5 2. リズム 　1・2・3・4・5 3. イントネーション 　1・2・3・4・5
正確な再生率に基づく評価	全体のスクリプトの単語数や音節数に対して、正確に口頭再生された単語数や音節数などに基づく得点の割合を算出する	客観的な評価ができて、評価者によるばらつきを少なくできる	・部分点の与え方などを事前に厳格に決めておかないと、評価点のばらつきが出る ・評価の単位を細分化しすぎると、評価に多大な時間とエネルギーを要する ・発音については数量的に計算しやすいが、複数の単語間をまたがるリズムやイントネーションは数量的に計算しにくい	正確な再生率＝ 正確に口頭再生できた単語（音節数など）の合計点 スクリプトに含まれる全単語数（音節数など）に基づく合計点
簡易的な再生率による評価	全体のスクリプトの5単語ごと、あるいは最後の部分に着目して評価する	スクリプト全体を評価するのに比べて、時間とエネルギーを短縮できる	全体の中の一部だけが評価対象になっているため、対象外の範囲の誤りなどが評価に入らない	「正確な再生率」の計算式を、全体のスクリプトの5語ごとや、スクリプトの最後の部分の評価に当てはめて計算する。

重点ポイントを設定した評価	スクリプトの中で、発音やリズムやイントネーションなどについて、チェックすべきポイントとなる部分を事前に決めて、そこだけを評価する	客観的な評価ができて、評価者間でのばらつきを少なくできる	事前に評価基準を厳格に決めておかないと、評価者間でばらつきが大きくなる	1. 発音 　北海道　（○△×） 　違って　（○△×） 　湿気　　（○△×） 2. イントネーション 　あります　下降調 　（○△×） 　少ないです 下降調 　（○△×）

❶ シャドーイングの練習を意味のあるものにするためには、各学習段階で、あらゆる側面から的確に評価、フィードバックすることが重要。

❷ それぞれの評価法には、長所と短所が明確にあるため、対象の学習者や授業に応じて活用すると良い。

❸ 各々の評価法は、評価者の主観が影響することも多いため、評価者間で事前に評価基準を決めておく必要がある。

> コラム②

シャドーイングは
自動的に評価できるのか

....

　シャドーイングは、日本語の聞き取り技能や話す技能を伸ばすのに有効な練習方法です。繰り返しシャドーイング練習することにより日本語の言語処理能力を高めることもできます。ただし、シャドーイングを手動で評価するには、教師が教材のスクリプトを見ながら、繰り返し聞いて、観点別や再生率などに着目して評価しなければならず、多大な手間と時間がかかります。このように、教師の負担が大きくなるため、シャドーイングを普段の授業に取り入れるときの大きな課題になっています。

　そこでシャドーイングの自動評価システムの開発が待望されています。

●コンピュータによる自動評価

　現代は、情報通信技術(ICT: Information and Communication Technology)が発達し、コンピュータが音声を認識する技術も大きな進歩をとげています。この音声工学技術を応用し、コンピュータが学習者のシャドーイングを自動的に認識・分析して評価するのが、自動評価システムです。

　英語教育の分野では、この可能性にいち早く注目し、英語教育学の専門家と音声工学の専門家が研究チームを組んで、コンピュータが日本人英語学習者のシャドーイング音声を自動的に認識し、分析・評価して得点を算出・提示するシステムを開発しました。

　さらに、この開発システムを英語シャドーイングの評価に実際に用いて、コンピュータによる自動評価得点とベテラン教師による手動評価得点の関係を調べました。同じ教材を同じ学習者がシャドーイングした音声について、自動評価得点と手動評価得点を出したところ、有意で高い相関関係が見られました。このことから、自動評価得点は、ベテラン教員の手動評価の代用となりうるだけの妥当性をもっていることが明らかになりました(山内他 2016)。

●シャドーイングの点数から外国語能力がわかる？

　自動評価システムを活用することによって、シャドーイング評価から、その学習者の全体の外国語能力 (proficiency) を予測することもできます。英語教育分野では、シャドーイングの点数と英語力の関係が調査されました。学習者の英語力の測定には、総合的熟達度テストとして世界的に使われている TOEIC (Test of English for International Communication)が使われました。

　200 点台から 900 点台の日本人英語学習者に、同じ教材をシャドーイングしてもらい、自動評価得点を算出しました。すると、TOEIC 得点が高い学習者になるほど、シャドーイングの自動評価得点も高くなり、TOEIC 得点と自動評価得点との間に、有意で高い相関関係があることが確認されました。この結果から、「ある教材について、ある学習者が行ったシャドーイングの自動評価得点がこのくらいなら、その学習者の TOEIC の得点はこのくらいであろう」と予測することができるようになりました。

　なぜ、シャドーイングは英語能力を反映するのでしょうか。シャドーイングは意味を理解しなら口頭再生するため、音を聞き分ける際に、音声的知識や語彙知識が必要となります。また、同時に認識した単語や語句を理解する際には、文法や統語知識、意味知識を駆使します。さらに、聞いて理解した音声情報を口頭再生するときは、適切な発音やアクセントやイントネーションを伴って発話していく必要があるため、構音知識、音韻的知識などを使います。しかも、これらの作業をほぼ同時に行わなくてはならないため、シャドーイングは認知的な負荷の高い言語活動になり、シャドーイングするには、学習者は自分のもっている言語知識をフル活用する必要があります。このため、シャドーイングは、学習者の外国語能力をよく反映すると考えらます。

●待たれる日本語シャドーイングの自動評価

　自動評価システムが使えると、シャドーイングに対する客観的な評価点を簡単に出せるようになります。同じ教材を、学期の始めと中間と終わりにシャドーイングしてもらい、各々の自動評価得点を比較することによって、その学習者

がどのくらい正確にシャドーイングできるようになったかを測定し、学習者の伸張を確認できます。他人との比較ではなく、以前の自分と比較することで、自己の成長を確認できるので、日本語学習やシャドーイング練習への意欲を高められます。またシャドーイング評価をクラス分けの基準にすることもできるでしょう。

　日本語のシャドーイング研究チーム（JSPS 科研費 15K02643, 18K00714）は、英語教育分野でのシャドーイング自動評価システムの知見を日本語教育に応用し、自動評価システムの構築を進めています。そして、日本語教育の教員・研究者や学習者に幅広く使ってもらえるように開発を進めています。

■ 参考文献

川村明美・山内豊・Husky Kay（2015）「英語シャドーイングの自動評価システムの総合的熟達度評価への応用に関する実証的研究」『東京国際大学言語コミュニケーション学部論叢』11, 125-135.

山内豊・峯松信明・川村明美・西川恵・加藤集平（2016）「意味伝達を重視した英語シャドーイングの新しい自動評価システムの開発と評価」『外国語教育メディア学会第 56 回全国研究大会発表要項』140-141.

Yamauchi, Y., Yue, J., Ito K., & Minematsu N.（2017）"Investigation of teacher-selected sentences and machine-suggested sentences in terms of correlation between human ratings and GOP-based machine scores," *Proceedings of Speech and Language Technology in Education*, 30-35.

第6章
シャドーイングの評価（2）
―学習者へのフィードバック―

1. 誰が評価するか

シャドーイングの評価を誰が行うのかについて考えます。大きく分けて以下の評価者が想定でき、それぞれの長所と短所は表1のようにまとめられます。

1) 教師が学習者のシャドーイングを評価する。
2) 学習者同士でお互いのシャドーイングを評価する。
3) 学習者が自分自身のシャドーイングを評価する。

表1　評価者の違いによる長所と短所

	教師⇒学習者	学習者A⇔学習者B	学習者自身
長所	・より的確な指摘とアドバイスができる ・「先生」に評価されたいと思う学習者には良い	・緊張しにくい ・クラスメイトからの学びがある ・時間の節約になる	・緊張しない ・自分の都合の良い時間に好きなだけ時間をかけてチェックができる
短所	・10名以上のクラスでは授業中に全員に対し1名ずつシャドーイングを聞き、フィードバックを与えるには時間がかかる ・授業外に10名以上のシャドーイング音声を聞きなおすのにも時間がかかる	・教師の"ねらい"と違う所を指摘する（指摘される）ことがある ・間違いに気づきにくい ・クラスメイトに遠慮して指摘しにくい ・同じ学習者であるクラスメイトからの指摘は受け入れにくい	・自分の間違いに気づきにくい ・間違いに気づいても、それをどのように修正すれば良いかわからないことがある

第6章　シャドーイングの評価（2）―学習者へのフィードバック―

　中山・鈴木(2012)は日本人の英語学習者を「統制群」、「ペア学習方略群」、「自己確認方略群」、の3グループに分け(表2)、活動前後におけるシャドーイングの再現率(全ての単語について正確に口頭再生された割合)の変化量を比較しました。その結果、「自己確認方略群」は「ペア学習方略群」と「統制群」よりも有意に変化量が多いことが明らかになりました(図1)。この結果は、学習者が自分自身のシャドーイング音声をICレコーダで録音し、それをスクリプトと照らし合わせながらチェックすることは、学習者同士でチェックし、指摘し合うことよりも上手にシャドーイングできるようになることをしめしています。

表2　各グループのシャドーイングのやり方　（中山・鈴木(2012)を参考に作成）

統制群	ペア学習方略群	自己確認方略群
・個別活動 ・シャドーイングが終わるごとにスクリプトを見て、自分のパフォーマンスを思い出しながらうまくシャドーイングできた語、できなかった語に下線を引く。	・協調的活動 ・ペアの一方がシャドーイングを行っている間、もう一方は相手の音声をスクリプトを見ながら聞く。その際、聞き手は、話し手がうまくシャドーイングできた語、またはできなかった語に下線を引く。そして、聞き手はシャドーイングが終わるごとに下線を引いたスクリプトを話し手に渡し、必要に応じて助言を与える。	・個別活動 ・ICレコーダに自分のシャドーイング音声を録音する。 ・ICレコーダに録音した自分のシャドーイング音声をスクリプトを見ながら聞く。その際、うまくシャドーイングできた語、またはできなかった語に下線を引く。

123

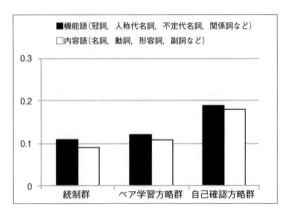

図1　活動前後の再現率の変化量　（中山・鈴木(2012)を参考に作成）

　迫田他(2009)では、日本での1か月間の集中日本語研修に参加した韓国人の日本語学習者を「教師主導型群」と「ペア学習型群」の2グループに分け、シャドーイングの指導形態によって日本語能力にどのような変化の違いが見られるかを比較しました。その結果から、授業において教師主導型でシャドーイング練習を行う方が、学習者同士がペアになって練習しフィードバックを与え合うよりも日本語学習に及ぼす効果が高いことが示唆されました。ただし、この結果について迫田(2010)は、学習者のレベルが初中級であったため、学習者同士では細部にわたる指導に至らなかったことや、レベル差によりシャドーイングの気づきが起こりにくかったことが影響している可能性があり、「教師主導型」の授業が「ペア学習型」の授業よりも効果的であると結論づけるのは時期尚早であると述べています。

第6章　シャドーイングの評価（2）―学習者へのフィードバック―

表3　各グループのシャドーイング指導例　（迫田他（2009）を参考に修正・加筆）

教師主導型	ペア学習型
1.CD を聞いて、クラス全体でシャドーイングする。 2.教師が数名の学習者を指名し、個別にシャドーイングのチェックをし、日本語でフィードバックする。その間、残りの学習者は個別練習。 3.個別チェックでみられた改善すべき点をクラス全体に日本語でフィードバックする。 4.フィードバックした部分を教師について全体で練習する。	**例1** 1.CD を聞いて、クラス全体でシャドーイングする。 2.学習者はペアになる（A、Bとする）。学習者 A がスクリプトを音読し、学習者 B がそれをシャドーイングする。 3.学習者 B が音声を聞きながらシャドーイングする。学習者 A がそれをチェックし、韓国語（母語）でフィードバックする。 4.役を交代して、シャドーイングをし、フィードバックをする。
	例2 1.CD を聞いて、クラス全体でシャドーイングする。 2.学習者はペアになる（A、Bとする）。学習者 B がシャドーイングし、学習者 A はチェックし、韓国語（母語）でフィードバックする。（1回目） 3.できなかった所をペアで練習する。 4.再びペアでシャドーイングし、1回目と比べてどうだったかを韓国語（母語）でフィードバックする（2回目）。 5.役を交代して、シャドーイングとフィードバックをする。

　中山・鈴木（2012）の研究でも迫田他（2009）の研究でも、シャドーイングの評価・フィードバックを学習者同士で行うことによる学習効果は得られなかったわけですが、石黒（2016）は、そのような協働学習を成功させるには入念な事前準備と事後の適切なフィードバックが大事であると述べています。表4を見ると、筆者も共同実践研究者として参加した迫田他（2009）では、特に事前準備が足りなかったことがペア学習の効果が得られなかった原因の1つではないかと考えられます。

125

表4 ピア・ラーニングがうまくいかない原因とその解決策　（石黒(2016)より抜粋して作成）

原因	解決策
①学習者がピア・ラーニングに慣れていない。 何をして良いかわからない。	・事前にその活動を行う目的と意義を明確に伝える。 ・初めてピア・ラーニングを導入する授業で、ピア・ラーニングを実際にやっている映像を見せ、何回か練習をする。 ・質問、コメント、アドバイスの例を提示し、練習する。
②グループ分けが悪い。	・日本語能力、国籍、性別、年齢、性格などを考慮し、多様性をもたせる。 ・教師は、どの組み合わせが良い化学反応を引き起こすのかについて知るために、学生たちの様子を観察する。
③学習者の疑問が解決されない。	・学習言語に対する不安は教師が解決する。 ・その場で出た学習者の疑問はやりっぱなしにせず、事後の教師のフィードバックのなかで解決する。
④授業のスタイルに抵抗がある。	・最初はストレスが溜まるかもしれないが、そのやり方を続けることが大事であり、後に効果が発揮される。時間と忍耐が必要。

　シャドーイングの指導に関する研究において、練習仲間や評価者の違いがそのシャドーイング練習の効果や学習者の情意面にどのような影響を与えるかを検討したものは、管見の限り、中山・鈴木(2012)と迫田他(2009)しかありません。今後、入念な事前準備を含んだ実験デザインで再度検討する必要があります。

ICレコーダにシャドーイング音声を録音している

スクリプトを見ながらICレコーダに録音した自分のシャドーイング音声をチェックしている

写真1　学習者が自分自身のシャドーイングを評価している様子

2. 何を評価するか

　次に、シャドーイングを評価する場合に何を評価の対象とするのかについて簡単に説明します。（➡詳しくは第2部第5章を参照）

　まず、表5に日本語教育分野での実践研究（報告）の中から、シャドーイングのパフォーマンスを評価・フィードバックする項目が書かれていたものを数点挙げます。

表5　シャドーイング実践研究論文等の中で見られた評価・フィードバック項目

		評価について		
		誰が	何を	どのように
1	荻原（2005）	教師	・プロソディ ・発音	誤用について指摘し、正しいものを教示する。そして、繰り返させる。
2	山森（2012）	教師	・再生率 ・スピード ・イントネーション ・リズム ・上手に再生できなかった箇所 ・上手に再生できた箇所	再生率は文節評価法。スピード、イントネーション、リズムについては5段階評定。上手に再生できなかった箇所と特に上手に再生できた箇所に下線を引き、肯定的なコメントを添える。
3	大久保・神山・小西・福井（2013）	教師	・なめらかさ ・単音 ・リズム ・アクセント ・総合	事前と事後のテスト結果を比較し、各学習者にフィードバックシートを使ってフィードバックする。
4	築山（2013）	教師	・発音 ・イントネーション ・語彙の聞き間違い	学習者のプロソディ・シャドーイングとコンテンツ・シャドーイングを聞き、間違いを指摘、訂正する。

| 5 | 福富・井手・土居（2014） | 教師 | ・スピード
・正確さ
・イントネーション | 個々の学習者のシャドーイングについて3項目を3段階で評価。イントネーションやアクセントについては、スクリプトに高低をしめす書き込みをし、正用が視覚的にわかるようにする。 |
| | | 学習者自身 | ・テキストを見ないで練習したかどうか
・スピードに気をつけたかどうか
・イントネーションに気をつけたかどうか
・スピード
・発音
・ことばの正確さ
・イントネーション
・明瞭性 | 週に1回提出する記録日誌の中で上3つの到達目標の他に下5項目について自己評価させる。 |

　シャドーイングを行う目的やシャドーイングのメカニズムのどの部分を測ろうとしているのかによって評価項目は異なりますが、大別すると以下の表6のようにまとめられます。

表6　シャドーイングの評価項目

1	全体	正確性
		流暢性（スピード／ポーズ）
		再生率
2	発音（単音）	正確性
		明瞭性
3	プロソディ	アクセント
		イントネーション
		リズム
		ポーズ

第6章　シャドーイングの評価（2）—学習者へのフィードバック—

　筆者は主に日本語運用能力の向上と発音・プロソディの習得を目指しており、日本語能力試験 N1‐N3 レベルの授業では図2のような評価票を用いています。この評価票とスクリプトを手元に置いた状態で、個別に対面式で学習者にはシャドーイングしてもらいます。「評価」のルーブリック[1]の部分はその場でチェックします。そして「コメント」を口頭で伝え、とても短い時間ですが一緒に確認したり、練習したりします。授業後に同じ「コメント」や「アドバイス」を短く書き、その評価票を次の授業で返却するというやり方をしています。

名前：＿＿＿＿＿＿＿＿＿＿＿＿＿＿＿＿＿

／　15 点

評価		5 点	4 点	3 点
(1)	Accuracy 正確性	・間違いはほとんどない	いくつか間違いがあったが，理解に影響を及ぼすほどではなかった	しばしば間違いがあり，何を言っているかを理解するのが難しかった
(2)	Fluency 流暢性	・流暢 ・とても自然	時々，不自然なポーズがあった	・しばしば不自然なポーズがあった ・流暢ではなかった
(3)	Pronunciation ・Prosody 発音 ・プロソディ	・モデル音声のように聞こえる ・プロソディに対しよく努力し，正しかった ・声が大きかった	・理解しやすい発音 ・プロソディに対し努力した ・声が小さく，いくつか聞こえにくい単語があった	・理解するのが難しかった ・プロソディに対し努力したが，しばしば間違えた ・声が小さかった

コメント

図2　評価票の例

1　「ルーブリック」とは、評価項目と「これくらいのことができれば、何点」という達成レベルによって構成されている評価基準表のこと（横溝・山田 2019）。

学習者が自分自身のシャドーイング音声を評価するときには、図3のような「振り返りシート」が使用されています。これは、実際に日本語学校のシャドーイング実践で使用されたシートです(近藤他 2007; 迫田他 2008)。

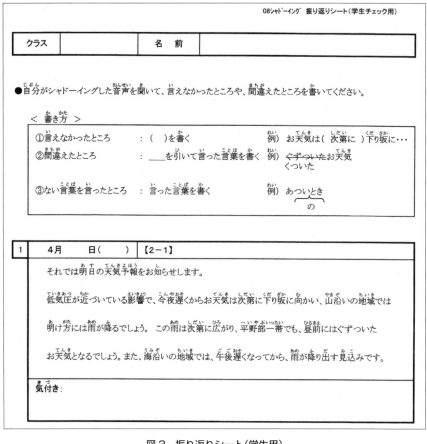

図3　振り返りシート(学生用)

第6章　シャドーイングの評価（2）―学習者へのフィードバック―

　また、英語教育の教材ではありますが、図4と図5も参考になります。図5のように「リズム」、「イントネーション」、「英文再生率」といった各項目を自己評価し、それを折れ線グラフにしめすことで、自分の伸び具合と弱点が明確にわかるようになります（門田他 2007）。

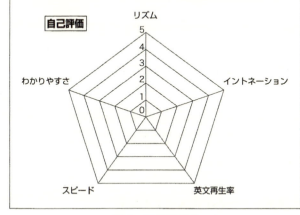

図4　自己評価のシート

『正攻法がいちばん！シャドーイングと音読　英語トレーニング』門田修平・高田哲朗・溝畑保之（2007）（コスモピア／p.56）より

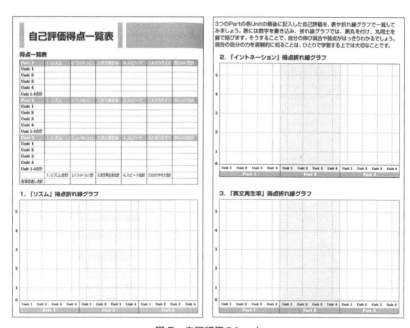

図5 自己評価のシート
『正攻法がいちばん！シャドーイングと音読 英語トレーニング』門田修平・高田哲朗・溝畑保之
（2007）（コスモピア／pp.218-219）より

「できないに気づけば、かならずできる！」

　これはNHKのEテレ「で〜きた」という番組[2]に出てくる小学校の校訓ですが、この校訓はいろいろな学習場面に共通します。シャドーイングも同様です。間違えたり、失敗したり、低く評価されたりすることに学習者は不安を抱くものですが、「できないに気づけば、必ずできるようになる」、「間違うことで日本語が上手になる」といったことを評価の際に学習者に伝えることも、教師の大切な役目なのではないでしょうか。

3. どのように評価し、フィードバックするか

　この節では、筆者らが実際にどのように評価をし、それを学習者にフィードバックしているかについてご紹介します。

2　Eテレ「で〜きた」の番組紹介ページ <https://www.nhk.or.jp/tokkatsu/dekita/origin/about/>

第6章 シャドーイングの評価（2）―学習者へのフィードバック―

まず、図6は迫田他(2007, 2009)と迫田・古本(2008)の実践研究で用いた評価票で、シャドーイングのテスト時に使用しました。学習者のシャドーイングを聞きながら全てをチェックし終える程度のもので、その場ですぐに学習者にフィードバックができるようにこの評価票を作りました。シャドーイングの手動評価は教師への負担も大きいので、それをいかに小さくし、かつ学習者に有効なフィードバックを与えるかを考えることがとても重要になります。

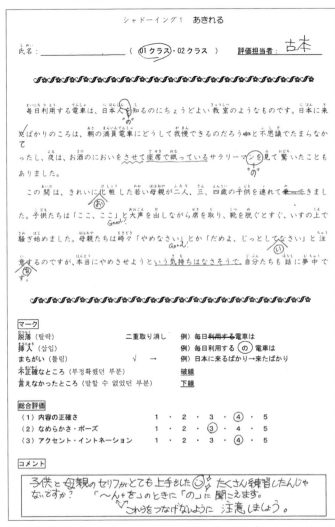

図6　迫田他(2007, 2009)；迫田・古本(2008)のシャドーイング実践研究で使用された評価票

次に、図7は筆者の授業[3]で使用したスクリプトです。学習者は、このスクリプトをシャドーイング活動の各ステップで(➡詳しくはp.65を参照)、モデル音声を確認したり、学習者自身のシャドーイングの出来を確認したりするのに使用します。学習者自身がスクリプトを確認する時は、チェックをする回ごとにペンの色を変えるように指示しています(ア部分)。そうすると、自分が苦手な部分とできるようになった部分が視覚的にわかります。また、その時に気づいたことをメモすることも勧めています(イ部分)。学習者同士でシャドーイングをチェックし合った時は、上手だった点やもう少しがんばれそうな点についてコメントを書き合うこともあります(ウ部分)。このように学習者自身の努力とその変化が見えるようにしめすことは学習者のシャドーイング練習に対する動機づけを維持し、自律的な練習の継続につながると考えられます。

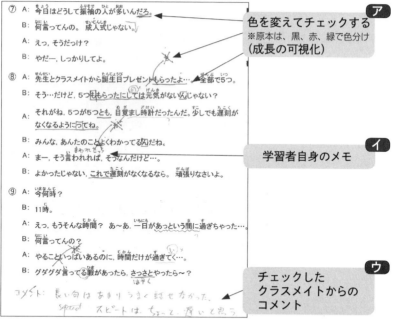

図7　学習者(中国・N2レベル相当(SPOT 71点))とクラスメイトが書き込んだスクリプト
『シャドーイング日本語を話そう　中～上級編』斎藤他(2010)(くろしお出版／p.22)より

3　1週間に1回、90分授業が15回の科目。毎回授業の始めの10～15分を使ってシャドーイング練習を行った。教材は『シャドーイング日本語を話そう　中～上級編』(斎藤他2010)のUnit1-Section1(中級)で4週間続けた。

第6章　シャドーイングの評価（2）―学習者へのフィードバック―

　さて、授業ではシャドーイングのテストを1学期間に3、4回行い、その時はp.129でしめした図2の評価票を使用しています。テスト形式には2つあり、1つは「対面式テスト」でもう1つは「録音テスト（ICレコーダ）」です。筆者の場合、テストには最長で20分間（1名につき3～5分程度）費やすことにしています。1クラスの人数が少ない時は、学習者は毎回1名ずつ教師の前でシャドーイングのテストを受けます。人数が多い時は、「1学期間に1回は教師の前でシャドーイングテストを受ける」というルールを作り、各テスト日に4～6名だけその「対面式テスト」を受けるように指示しています。それ以外の学習者には、「録音テスト」として、ICレコーダに録音するように指示しています。

　学習者にとっては一発勝負の対面式テストになるのですが、それは自分が好きな回に受けて良いということにしています。教師の前でシャドーイングするのは通常緊張しうまくいかないことを学習者たちもわかっているので、「次回は先生の前でテストを受ける！」と決めた学習者は緊張してもうまくできるようにテスト前の1週間は猛練習するようです。筆者はそれで良いと思います。対面式でテストをし、その場でフィードバックをするという時間は、自信につながる「肯定的フィードバック」と、正確性の向上につながる「矯正的フィードバック」の両方を教師から得られるという点で貴重な時間です。また、教師にとっても学習者がシャドーイング練習についてどのように感じているかを知る貴重な時間にもなります。

　一方、「録音テスト」の学習者にはICレコーダを渡し、納得がいくまで決められた時間内で練習、録音[4]し、そのベスト・パフォーマンスを提出してもらいます[5]。早くICレコーダへの録音が終わった学習者には新しいシャドーイング教材のリスニングやディクテーションをさせ、「何もしない」という時間を作らないようにしています。ICレコーダに録音された音声は、教師が授業

4　筆者が使用する教室はCALL教室ではないため、周りの声が気になる学習者には、教室の隅、廊下、屋外など好きな所で録音して良いことにしている。

5　筆者の場合、学生の数に合わせてICレコーダで対応しましたが、所属機関にBlackboardを始めとした学習管理システム（LMS：Learning Management System）がある場合は、そのようなシステムを使用して学習者にシャドーイング音声を提出させ、評価・フィードバックするのも良いでしょう。

後に評価し、次回の授業で図2の評価票を返却します。その際、多くの学習者にとって難しかった発音やプロソディについては、クラス全体にフィードバックし、練習します。

フィードバックの効果については、それを受け取る学習者の自己効力感、目標構造(学習者がどのような目標を設定し、それに対しどの程度の自信をもち、どのように取り組むか)、帰属スタイル(成功や失敗をしたときに、学習者がその原因を何とするか)、課題に対する動機づけの高低によって異なるという研究(Loveland & Olley 1979; Ilgen & Davis 2000)や、学習者が自分の教師や仲間をどのように考えているかといった情意面の影響や教室風土、教師と学習者がそれぞれ持つビリーフによって異なるという研究(影山 2000)があります。よって、学習者のニーズやビリーフ、シャドーイング練習の段階や内容に応じて、評価・フィードバックの方法を組み合わせることが重要であると言えます。

教師にとって、学習者のシャドーイングを手動評価することは大変な作業であり、集中力と多くの時間が必要となります。学習者にとっても、シャドーイングは認知的に負荷が大きくてしんどい練習方法です。そのようなシャドーイングを意味あるものにし、練習を継続させるためにも、学習者に合わせた評価とフィードバックを心がけましょう。

❶ 学習者同士がペアになりお互いのシャドーイングを評価する時は、事前に、そのような評価活動を行う目的や、質問・コメント・アドバイスの仕方の例を学習者にしめしておくと良い。

❷ 学習者のシャドーイングの出来不出来についてその場ですぐにフィードバックできるように、事前に評価票を作成・準備しておくと良い。

❸ 学習者には、「弱点とその解決方法」を知らせると同時に、「努力による伸び」を感じさせるような評価とフィードバックをすると良い。

第7章
学習者へのサポート

　前章では、シャドーイングの評価とフィードバックの仕方、そしてその重要性について述べました。繰り返しになりますが、シャドーイングは認知的負荷が大きい練習法の1つで、1人で練習を続けるには忍耐力が必要になります。そのため、学習者が自信ややる気を無くし、練習をやめてしまわないように、教師は学習者を観察し、一人ひとりに応じてサポートを続けることが大切です。この章では、シャドーイング練習に取り組む学習者をどのようにサポートするかについて実践例をしめしながら説明します。

1. シャドーイングと動機づけ

- 集中力が足りない私にとってシャドーイングは難しいが、きっと役に立つと思う。
- 会話を聞きながら、聞こえた文章を言うことはちょっと難しかった。脳の中がめちゃくちゃになった。しかし、2、3回練習したらどんどんおもしろくなって、気に入った。
- たぶん練習時間が少ないので、ぜんぜん向上しない。
- 合宿で疲れてあまりできなかった。
- あまり難しくない。

　上に挙げたのは、日本語能力試験N1-N2レベルの日本語学習者がシャドーイングを始めた週に書いた感想です。それから約2か月経つと、次のような感想が見られるようになります。

・新海誠監督の話のディクテーションは難しかったと思う。でも日本人の自然な話し方で対話できるようになりたいと思う。
・あまり話しことばを使わない私にとって役に立つ練習だと思う。話しことばがもっと上手になるようにドラマを見ようと思っている。
・シャドーイングはやればやるほどおもしろくなる。
・声優の声になりたい。
・最近卒論発表の準備で毎日忙しいので、よく歩きながら聞いて練習する。来週のテストをがんばる。
・特に感想はない。何を書けばいいのかもわからない。とりあえず練習し続ける。来年のN1を高い点数で合格するためにがんばる。
・なんか日本語が停滞状態に陥った。

　このような感想を見ると、その学習者のやる気の度合いや、シャドーイング練習に対する満足度、今後の練習継続の可能性などについて推測できます。心理学の分野では、勉強や仕事への意欲、いわゆる「やる気」の問題を「動機づけ（motivation）」として扱っています（市川 2013）。

　市川（1995）は大学1年生に「一般に、人はなぜ勉強しているのだと思いますか」、「あなた自身はなぜ勉強していたのですか」という質問をした後、その回答を分類して2次元に構造化し、図1の「学習動機の2要因モデル」を作りました。横軸の「学習の功利性」は、学習による直接的な報酬をどの程度期待しているのかをしめしています。縦軸の「学習内容の重要性」は、学習内容そのものをどの程度重視しているかをしめしています。

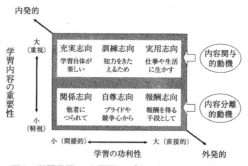

図1　学習動機の2要因モデル　（市川 2014）

第 7 章　学習者へのサポート

　そして、次の表1は、大きく6つに分類された志向に相当する学習動機の具体例と、各志向に対応した指導法をしめしたものです。

表 1　各学習動機の説明　（市川(1995, 2013, 2014)を参考に作成）

	学習動機	具体例	指導法
充実志向	知的好奇心、理解欲求、向上心に根差した内発的な動機	・新しいことを知りたいという気持ちから ・いろいろな知識を身につけた人になりたいから ・すぐに役に立たないにしても、勉強がわかること自体おもしろいから ・何かができるようになっていくことは楽しいから	学習者がおもしろがって、自ら進んで取り組めるような課題を用意する。自分自身の知識や技能の向上が実感できるような課題設定や評価方法を考える。
訓練志向	学習を通じて間接的に知的能力を伸ばすという動機	・勉強することは、頭の訓練になるから ・学習の仕方を身につけるため ・合理的な考え方ができるようになるため ・いろいろな面からものごとが考えられるようになるため	知識や技能は、それを得る過程でさまざまな力がつくことを理解させる。学習の転移が起こるような状況を設定したり、学び方の学習が他の場面でも応用できることをしめす。
実用志向	実用を意識した動機	・学んだことを、将来の仕事に生かしたいから ・勉強したことは、生活の場面で役に立つから ・勉強で得た知識は、いずれ仕事や生活の役に立つと思うから ・知識や技能を使う喜びを味わいたいから	学習したことが、生活や他の学習の文脈でどのように生かされるのかを明らかにする。あるいは、本人にとって興味のわく課題の追及の過程で、他の学習が必要感を伴って成立するようにする。
関係志向	同調的または親和的な人間関係に関わる動機	・みんながやるから、なんとなく当たり前だと思って ・友だちと一緒に何かしていたいから ・親や好きな先生に認めてもらいたいから ・勉強しないと、親や先生に悪いような気がして	教育者との人間関係や学習者同士の人間関係に注意を払い、楽しい雰囲気づくりを心がける。そのためには、学習だけでなく、遊びや食事などの日常場面を通じて、全人格的なつき合いを重視する。

139

自尊志向	競争心や自尊心に関わる動機	・成績が良いと、他の人より優れているような気持ちになれるから ・成績が良ければ、仲間から尊敬されると思うから ・ライバルに負けたくないから ・勉強して良い学校を出た方が、立派な人だと思われるから	優れた点を積極的にほめて自信をもたせるようにする。また、他者との競争意識をかきたてる。例えば、高い成績の学習者に対しては、成績を公表したり表彰したりして、多くの人から認められる場面をつくる。
報酬志向	報酬と罰による外発的な動機	・成績が良ければ、小遣いや褒美がもらえるから ・テストで成績が良いと、親や先生にほめてもらえるから ・学歴があれば、大人になって経済的に良い生活ができるから ・勉強しないと親や先生に叱られるから	勉強することないしは成績に対して、褒美や小遣いを与えたり、逆に、極端な場合には、勉強しないと体罰を与えたりする。直接的な報酬と罰でなくても、賞賛や叱責で動機づけようとする。

　瀬尾(2014)は、学習に対する動機づけを高めるには「学習を進めていけそうだ」といった見通し(期待)をもたせ、その学習を行うことの意義(価値)を感じさせることが重要だと述べています。

　これらのことをシャドーイングに当てはめて考えてみます。「内容関与的動機[1](充実志向・訓練志向・実用志向)」の観点からすると、学習者の興味・関心・目標に合ったシャドーイング教材を準備するのが大事だということは想像に難くありません。自分の好きなアニメや俳優の作品なら他の教材よりも楽しんでシャドーイングに取り組むことでしょう。

　例えば、次の実践例④は、学習者の声を採用したシャドーイング実践です。実践例②(p.41)と同じくアメリカの高校で行われたもので、学習者のシャドーイング練習へのモチベーションを高く保ちながら練習を続けてもらうためにはどうすれば良いかを考えたものです。特徴は、学習者が椅子に座ってシャドーイングを黙々と行うのではなく、人形劇をしながらシャドーイングをするとい

_____

1　市川(2014)では、「充実志向」、「訓練志向」、「実用志向」が「内容関与的動機」に相当し、「報酬志向」、「自尊志向」、「関係志向」が「内容分離的動機」に相当する。

第 7 章　学習者へのサポート

う点にもあります。学習者から出されたアイデア自体も素晴らしいですし、それを人形劇という形でクラス活動にまで発展させた教師の努力にも敬服します。

実践例④

シャドーイングで人形劇
－学生のアイデアを取り入れてモチベーションを上げる－

リード真澄 (ウッドランズ高等学校)

□教材：人形劇「舌切り雀」

□レベル：レベル 1 (1 年目)

□人数：12 名

□教育機関：アメリカ・公立高校

　シャドーイングはクラス活動として数年実施して来ましたが、学生は、自分にあまり関係なく、特に関心も持てない内容の教材だと、どうしても飽きてしまいます。会話形式で練習したり、昔話をシャドーイングさせるなどいろいろ試みましたが、それらは学生にとって「クラスでしなければならない活動」の 1 つであり、喜んで積極的に取り組んでいるとは感じられませんでした。そのうちに、中学 3 年生のレベル 1 （初級）のクラスで、シャドーイングをしながら人形劇をしたらおもしろいのではないかというアイデアが学生の方から出て、「舌切り雀」の人形劇をすることになりました。『レベル別日本語多読ライブラリー』のレベル 1 にある「舌切り雀」をシャドーイングの教材にして使い始めたところでした。

　全員で何度か「舌切り雀」全体のシャドーイングを練習し、ストーリーも頭に入ったところで役割を決め、それぞれ厚紙などを使って「人形」を作ることにしました。登場人物が少ないので、お爺さん役、お婆さん役、雀役、ナレーションもそれぞれ 3 人ほど決めて、交替でシャドーイングをすることにしました。最後に出てくるお化けの台詞も作り、全員が何らかの台詞を担当しました。いつも宿題を全くして来ない学生が、自分

141

の人形を早速作って来たのにはびっくりしました。

　各自のスマートフォンに入れてある「舌切り雀」のモデル音声（教師が録音したもの）を「1、2の3！」で一斉に再生し、全員イヤホンで同時に同じ音声を聞きます。そして、自分の番が回って来た学生が1人ずつシャドーイングをします。練習の時点で自分の台詞はテキストを見ずにシャドーイングできるようになっていました。1週間ほど毎日一緒に10分ほど練習して、最後はビデオに撮りました。これは学生たちがレベル1の時でしたが、翌年、彼らがレベル2に上がってしばらく経ってから、テキストを見ずに、自分のことばで「舌切り雀」のストーリー全体のナレーションをすることができたのです。楽しく何度も練習した結果、自分の台詞や断片的な語彙を覚えていただけでなく、ストーリーとしてナレーションができるレベルに達していたのだと思います。

　シャドーイングの学習が、このようにクラス全体の教室活動になり、一緒に作り上げて作品（ビデオ）の形で残すことができました。学生達にとっても本来のシャドーイングの成果が出せたのみならず、クラスで人形劇をして録画をするという目標に向かってモチベーションを上げ、積極的にシャドーイングに取り組むことができました。

　学習者の興味・関心・目標に合った教材を選ぶことに加えて、彼らの知的好奇心をくすぐる内容を選ぶのも効果的です。それと同時に、「がんばればできる」と思える成功体験を重ねさせ、後にはそれを感じることができる少しレベルの高い教材を準備することも大事です。「始めは難しいと思ったが練習するうちにできるようになり、楽しくなってきた」という感想はしばしば見られるものです。毎日練習してもうまくできない場合には、その解決策を教師やクラスメイトに尋ねてみることも重要で、そのように思わせる関係性を築いておくことも大切です。それは、うまくできないことへの対処法がわからないと、学習者は練習を継続させることが困難になるからです。さらに、「実用志向」を高めるためには、シャドーイング練習を行う目的やシャドーイング練習のやり方を事前に学習者に説明し、理解してもらうことが必要です。また、シャドーイング練習時に学習者をほめたり、励ましたりすることで、彼らの「自尊志

第 7 章　学習者へのサポート

向」に働きかけることができます。

　市川（2014: 38）は「教育関係者は一般に内容関与的動機にあたるものを『好ましい動機』としてとらえがちだが、学習への意欲を失った生徒や低学年の児童にいきなり内容関与的動機を期待しても難しいところがある。むしろ、内容分離的動機からはいり、次第に内容関与的動機が芽生えてくるような柔軟な指導も考えられてよいだろう」と述べています。

　次の実践例⑤は、学習者に教室外でも継続的に練習をさせるために、シャドーイングのパフォーマンスを日本語科目の成績評価の 1 つに加えた実践です。「報酬志向」「自尊志向」「関係志向」といった「内容分離的動機」に働きかけた授業形態ですが、課題設定と学習者同士の関係作りがうまく働き、成功したケースです。

実践例⑤

シャドーイングを暗唱のクラス発表につなぐ
ー評価の一部に取り入れてー

近藤玲子（オークランド大学）

□教材：自主制作のシャドーイング教材（科研試行版）より抜粋
　　　して使用

□レベル：ステージ 3 （本学での最上級レベル）

□人数：50 名

□教育機関：ニュージーランド・国立大学[2]

　シャドーイングの取り入れ方にはさまざまな方法があります。以前は希望者のみを対象に課外授業で行っていましたが、やはり履修者全員に経験してほしいので、2012 年から正規の授業に取り入れました。とは言え、決められた教室環境や時間数（1 週間に 50 分の講義が 2 回と 50

2　学位取得にかかる年数は専攻科目によって異なるが、日本語専攻のみの場合は 3 年。

分のチュートリアルが2回）の中では、教科書のCDを聞きながら全員でマンブリング（つぶやきでシャドーイング）をするのが精一杯。なかなか継続的な自主練習に導けないのが悩みでした。

「どうすれば忙しい学生たちが負担を感じずにシャドーイングの自主練習を継続するだろうか」と考えた末、2016年の前期はシャドーイングを成績評価の1つに加えてみることにしました。課題は、モノローグのモデル音声を使ってシャドーイング練習をし、その成果を「暗唱」という形でクラス発表するというもので、教師の評価の観点は流暢さと文の正確さであることを伝えました。対象は本学での上級者（JLPT N2ーN3相当の学生）で、教材は1分程度の初級レベルのモノローグを選びました。読んで丸暗記することを避けるため、スクリプトは学生に見せませんでした。全員が同じモノローグではつまらないので、4〜5名ごとに同レベルの異なるモノローグを割り当て、その音声ファイルを数日ずつずらして公開していきました。公正さと負担軽減から練習期間は一律1週間。音声ファイル公開後8日目に4〜5名ずつがクラス発表するという段取りにし、発表が同じ日に集中することを避けました。クラス発表では各自がモノローグの中の継続した2つの文を選んで暗唱しましたが、48名中7名に助詞の誤りがあっただけで、流暢さに関してはほぼ全員が完璧でした。とりわけ、音読が大の苦手だった学生がスラスラと暗唱し、盛大な拍手をもらってうれしそうにしていたのが印象的でした。

この課題の評価点はコース全体の2％にすぎなかったものの、棄権者はおらず、発表は互いの成果を認め合い、次への意欲を喚起する場となりました。教材が初級レベルであったこと、練習期間を1週間に限ったこと、評価の観点が明確であったことが取り組み易さの要因になったと考えられます。

後期は評価の観点をイントネーションの正確さに絞り、ダイアローグで実施しましたが、ペアでダイアローグを暗唱する発表は臨場感も味わえ、学生の満足度がより高かったと言えます。さらに、シャドーイングはイントネーションの意識化と矯正にも非常に効果があると確信しました。

クラス発表終了後も自主練習を継続した学生がいたこと、学年末のアンケートにシャドーイングが大変よかったと特記した学生がいたことは大きな励みとなりました。

第7章　学習者へのサポート

　動機づけの枠組みを捉える理論の1つ、自己決定理論(Self-Determination Theory) では、「有能感(competence)」、「関係性(relatedness)」、「自律性(autonomy)」の3つを満たすことが教育場面での学習者の意欲向上につながると考えられています。例えば、村山(2010)は、ピアノのレッスンという場面を挙げ、以下のように説明しています。

表2　ピアノのレッスンからやる気を起こす一連の流れ　(村山(2010)を参考に作成)

		ピアノレッスン
①		親にレッスンを習いに行かされる。
②	【有能感】	少し上手になる。「自分はできる」「能力がある」と感じる。
③	【関係性】	ピアノ教室の友だちと切磋琢磨して一緒に練習する。
④	【自律性】	ピアノ教室の先生がその子どもが弾きたいと言った曲を尊重してレッスンしてくれる。
⑤		「自分にとってピアノは大切なものだ」 →「内発的な興味が高まる」 →「練習を続ける＆楽しむ」

　これをシャドーイング実践に当てはめると、次の表3のようにまとめられます。

145

表3　シャドーイング練習からやる気を起こす一連の流れ

	シャドーイング	動機づけを高める方法
①	この授業ではシャドーイングをします	授業にシャドーイングを取り入れることを教師が学習者に伝える。
②	【有能感】 がんばれ！ before after いいですねー ほっかいどうはにほんのいちばんきたに…	・シャドーイングのパフォーマンスを形成的に評価し、以前より「上手にできるようになった」ことを感じさせる。 ・シャドーイング練習前と練習後の SPOT90 や OPI の結果を比較・提示し、練習によって日本語力が向上していることをしめす。 ・シャドーイングで練習したフレーズとその努力が他の場面でも活用できることをしめす。
③	【関係性】 ほっかいどうはにほんのいちばんきたに… すごい！上手！	・クラスメイトとペアになってシャドーイングをする。 ・母語と学習言語が共通する者同士でペアになり、シャドーイングの練習をする。(例えば韓国人日本語学習者と日本人韓国語学習者のペアなど) ・「内省ノート」や「練習記録」といったコミュニケーションカードを学習者が書き、教師がコメントをつけて返す。
④	【自律性】 先生、シャドーイングを人形劇でやってみたいです。 いいですよ。 人形劇 おじいさん、すずめはどこに…	・シャドーイング教材を学習者に選ばせる。学習者のアイデアをシャドーイング実践する。 ・シャドーイングのテスト方法(対面／ IC レコーダ録音提出／ LMS[3] 提出)を学習者に選ばせる。

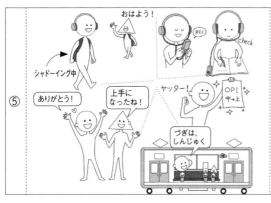

　「同じことを何度も繰り返すのはイヤだ」、「聞くと話すを同時にするなんて頭がおかしくなる」、「モデル音声が速すぎて私にはムリだ」、「そんなことより会話の練習自体がしたい」といった意見は学習者から時折聞かれることで、シャドーイングに抵抗をしめす学習者に会うことは珍しいことではないかもしれません。そのような時は、教師は学習者の「有能感」、「関係性」、「自律性」を触発する状況を作り上げているのかについて振り返ってみましょう。

2. 学習者を知る

　迫田(2016: 26)は、教師は「自分の周囲にいる学習者をよく観察し、どうすれば相手が楽しく授業に参加するかを学習者の立場になって考え、それを日々続けることが大事だ」と述べています。「学習者をよく観察する」ための方法として、第3章で紹介した「練習の記録」のようなシート(➡ p.73)を使って、教師と学習者の間で感想や意見をやり取りすることをお勧めします。これは「大福帳[4]」や「コミュニケーション・カード[5]」、「質問・感想カード(ミニッツ・ペーパー)[6]」と同様のツールで、出席や練習の促進、学習の定着、自己変容・

3　LMS(Learning Management System)は、Blackboardをはじめとした学習管理システムのこと。
4　学生は授業の最後にコメントを「大福帳」に書き入れ提出し、教員はそれを読み返事を書く(織田 1995; 向後 2006)。「大福帳」については、向後千春研究室のホームページ <https://kogolab.wordpress.com/> にある「授業デザイン→大福帳」を参照。
5　長崎大学大学教育イノベーションセンター (2016)
6　京都FD開発推進センター (2010a, 2010b)

努力の確認に加えて、教師・学習者間での信頼関係の形成といった効果が期待できます。次にご紹介する実践例⑥は、学習者にシャドーイングにおける成長を感じさせるために「内省ノート」を活用したケースです。

実践例⑥

教師からのフィードバックの重要性
－シャドーイングの録音チェックと「内省ノート」の効果－

崔　眞姫（白石文化大学校）

□教材：『New スタイル日本語会話 I』（東洋ブックス出版（韓国））

□レベル：初中級

□人数：30 名

□教育機関：韓国・短期大学

　私は、2010 年度から韓国の大学の授業でシャドーイングを導入してきました。シャドーイングは、初級レベルから上級レベルまで、そして、「日本語聴解」、「日本語会話」、「初級日本語」、「ドラマを見る視聴覚日本語」、「日本語講読」などのいろいろな授業で、幅広く導入できます。

　学生自身は、シャドーイングに対して肯定的に評価しています。例えば、練習においても課題においても、「書く練習」より時間がかからないという点です。特に、初級レベルの学生の場合、「会話」練習の機会がないため、シャドーイングが好まれています。そして、あまり日本語を話す機会がない韓国在住の学生にとって、いろいろな会話の内容をシャドーイングすることで発話しているような気持になれます。さらに、シャドーイングを練習しているうちに、自分が日本語を上手に話せるような気持ちになってきます。実際、学生は会話能力が高くなったとは言い切れませんが、聞く能力が上達したとか、発音やイントネーションがうまくなったと学生たちは答えています。

　韓国の大学の場合、1 週間に 1 回のクラスが多いため、クラス内でのシャドーイングの練習時間も短いといえます。30 人のクラスでは、教師

第 7 章　学習者へのサポート

> 1 人の力で全員十分にシャドーイングできるようにサポートすることは
> なかなか難しいのですが、ペアで励ましながら練習するように促すと、1
> 人でシャドーイングするより負担を感じないようでした。
>
> 　クラス外でも個人のシャドーイングの練習量を増やすために、練習時
> の音声を録音して提出させました。それを私が聞いて、イントネーション、
> 発音などについてフィードバックを与えると、学生は満足しているよう
> でした。学生は練習するうちに、日本語の発音やイントネーションにも
> 注意を払うようになってきました。教える側としては、学生の弱い発音、
> 文法項目が把握でき、指導に反映させることができました。
>
> 　また、個人練習の時には、学生に「内省ノート」も書かせました。「内
> 省ノート」には、学生自身のシャドーイングのスピード、発音、リズム・
> イントネーション、内容理解度を評価させ、反省点も記録させました。
> その記録を続けることで、練習を重ねるたびに学生それぞれが上手になっ
> ていくことを実感させたいと考えたためです。

　学習者一人ひとりにフィードバックすることはとても大切ですが、実践例⑥
のように 30 名を超えるクラスともなると、彼らの質問とコメントを読み、そ
れに返信をする教師の負担も相当大きくなります。履修者が約 300 名の授業を
もつ向後（2006）は、「すべてに返事は書けない」ということを授業の最初に説
明した上で、約 20％ に対して返事を記入し、翌週に返却するようにしたそう
です。向後氏の講演（2014）では、「コメントが欲しい学生には『コメントをく
ださい』と書いて提出するように伝えている」と述べていました。また、一般
的に、コメントを書かず印鑑やスタンプなどを押して返すことだけでも、「あ
なたのコメントを見ました」、「あなたのことを見ていますよ」という態度を学
習者にしめすという点で効果があるとも言われます。筆者の一クラスの人数は
多くても 30 名で、向後氏の 10％ にすぎませんが、学習者の質問については必
ず答えるようにし、学習者のコメントについてはその量、詳細度、学習者の要
求度に合わせて自分のコメントを変えて書くように心がけています。
　表 4 ～ 6 は向後（2006）の調査結果の一部で、「大福帳」に対する受講生の評

149

価をしめしています。この授業では、最後の10分程度を使って受講生に感想、意見、質問などを「大福帳」に自由に記入させていますが、先述したように、教員は20%に対して返事を記入し、返却しています。

表4　教員からの返信の希望頻度　(向後 2006)

返信の頻度	%
毎回欲しい	51.4
2回に1回は欲しい	24.3
3回に1回は欲しい	17.8
もっと少なくても良い	1.0
なくても良い	4.8

表5　返信されてうれしかった、良かった内容　(向後 2006)

返信内容	%
自分の意見に対する同意・賛同	20.9
質問に対する返答	14.9
返信自体がうれしい	13.2

表6　うれしくなかった、良くなかった内容　(向後 2006)

返信内容	%
ひとことだけ	26.3
そっけない返事	15.8
あいづち	11.8

　これらの結果を見ると、学習者と教師の間でやり取りされる「大福帳」に学習者は返信をもらいたがっていることがよくわかります。「大福帳」を通したやり取りは、学習者のやる気を引き起こす機能を果たすだけではなく、学習者が自分自身の理解度を確認する、学習者自身のことを教師に知ってもらう、逆に学習者が教師はいったいどんな人物なのかを知るなどの機会にもつながります。

　さて、筆者は、第3章で実践を紹介した「練習の記録」というシート(➡ p.73)をシャドーイング練習で使用しています(図1)。

第7章 学習者へのサポート

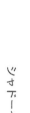

シャドーイング 練習の記録

毎日、練習した時間を書きましょう。また、感想や目標を書いておきましょう！！
Everyday, write the duration of time you practiced shadowing. Also, let me know any notice, comment,

授業がある日は、この用紙を持って来てください。
your goal about your shadowing practice & performance.

名前：(　　　　　　　　)

感想・目標など

	月	火	水	木	金	土	日	感想(notice, comment) / 今後の目標と具体的な活動(your new goals and how you'd work on them)
第1週	4/8 ア	4/9	4/10	4/11	4/12	4/13	4/14 イ	感想(notice, comment)　今後の目標と具体的な活動(your new goals and how you'd work on them)
第2週	4/15	4/16	4/17	4/18	4/19	4/20	4/21	感想(notice, comment)　今後の目標と具体的な活動(your new goals and how you'd work on them)
第3週	4/22	4/23	4/24	4/25	4/26	4/27	4/28	感想(notice, comment)　今後の目標と具体的な活動(your new goals and how you'd work on them)
第4週	4/29	4/30	5/1	5/2	5/3	5/4	5/5	感想(notice, comment)　今後の目標と具体的な活動(your new goals and how you'd work on them)

図1　「練習の記録」シート

○「練習の記録」シートの作り方

　A4版の最厚口で薄い色がついたシートを使用しています。他の無地の配布物に混ざってわからなくなってしまわないためと、雨に濡れて破れることを少しでも避けるためです。横軸に月曜日から日曜日までの7日分を並べ、片面につき4週間分のカレンダーを両面印刷します。これは、筆者のクラスでは1つの教材にかける期間が3〜4週間であることが多いためです。シャドーイング練習を行っている記録が成長・変容という形で見られるように構成するために、第9週以降の新しいシートは第1週から第8週までのシートの上にホチキスでとめるようにしています。

○「練習の記録」シートに記入する内容

　筆者の授業では、授業外で毎日5〜10分練習するというルールなので、それを行っているかどうかを確認するために、「何分練習したか」を毎日記入するように指示しています（ア部分）。学習者には、「病気の時、旅行に行った時、他の試験で忙しい時などはしないこともあるだろうから、その場合も正直に時間を書くように」と伝えています。また、その週末には自分のシャドーイングの練習状況を振り返り、感想とその時点での目標を少し長めに書いてもらいます（イ部分）。毎日練習時間を書く時に、その日に気づいたことがあればそれを書きとどめることも良い振り返りになるので勧めていますが、それは強制ではありません。

○「練習の記録」シートの提出・回収と返却

　週に1回このシートを回収し、できるだけ次の日にその授業専用のメールボックスに返却するようにしています。学習者たちは時間がある時にそれぞれメールボックスに取りに来て、新しく1週間の練習と記録を続けます。それを繰り返します。

第7章　学習者へのサポート

○「練習の記録」シートの評価

「シャドーイングのテストでのパフォーマンス」と「練習の記録シートの提出」をその科目の成績評価に必ず含めるようにしています。そうすることで、学習者に必ず(1)練習させること、(2)練習の成果を客観的に把握させること、(3)教訓帰納を引き出すこと、(4)目標と計画を立て直すこと、を目指しています。

「練習の記録」シートのやり取りを続けていると、学習者によってはシャドーイング以外のことも書くようになることがあります。その例をいくつかご紹介します。

金	土	日	感想・目標など
7/1	7/2	7/3	感想 方言が好きなので、今度のシャドーイングはおもしろそうです。
← 福岡に行って → きました。韓国から姉ちゃんが来て一緒に遊んで来ました！ それはよかったです (^-^) おいしいもの食べましたか？			今後の目標と具体的な活動 今週のテストであせをかいたので…もっとまじめにすることにします！ 次も汗をかかないようお願いします (-_^)
7/8	7/9	7/10	感想 ルームメイトたちに聞いて見せたら、みんな全部聞こえるといっておもしろいでした。みんな九州の人で…。 えーすごい!! やはり地元の人はわかるんだね〜
3回 6分ぐらい	3回 6分ぐらい		今後の目標と具体的な活動 まじめにするようにします。

図2　学習者A（韓国・N1レベル相当（SPOT 86点））の練習の記録[7]

図2からは、学習者Aの興味・関心、週末に家族が来て旅行をしたので練習ができなかったこと、シャドーイング教材を日本人のルームメイトに聞かせていることがわかります。

7　図2〜4は、実際の練習記録シート原文を、データ化し筆者がまとめた。表記は原文のまま。丸ゴシックは学習者のコメント、斜体は筆者からのコメント。

金	土	日	感想・目標など
4/8	4/9	4/10	中国にいた時もシャドーイングの練習をしましたけど、とても簡単な内容でした。上級Ⅱのシャドーイングは私にとってむずかしいと思います。これからはもっとがんばります。 *そうなんですね！* *簡単な内容で、発音をよくするというシャドーイングの方法もあるんですよ！半年間どうぞよろしくお願いします！日本にいるうちに、もっと日本語の力を伸ばしましょう(^^)☆*
6 昨日よりちょっと慣れます ^-^	5 今日は花見に行きましたので、練習時間が短いです。 *どこに行きましたか？* (桜の団地です)	15 日曜日は暇なので、15分練習しました。	
4/15	4/16	4/17	(^^ ありがとうございます！よろしくおねがいします！) 10日ぐらいの練習に通して、この前の私には想像できないほどのシャドーイングの内容にも熟練するようになっています。そして、新しい単語もいつの間にか覚えました。とてもうれしいです。 *それを聞いて、私もとてもうれしいです (^^) 覚えた単語をぜひ日常でも使ってみてください。そうすることで日本語がもっと上手になります！*
6 今日はアルバイトに行きました >_<。	6 「安心ってゆう付加価値をつけるですって」ここはどうして「です」の後に「って」をつけますか？	16 今日はショッピングに行って来ました！楽しくて勉強にも進み力があります！ *長崎？博多？*	
4/22	4/23	4/24	(はい、かしこまりました ^-^) 新しい単語を覚えても日常生活のことばになかなかなれません。私も聞いてわかる内容をすぐことばにならないです T_T. *どにかく使ってみるこども大事です。まちがっていたら親切な日本人は注意してくれますからね (^^)*
10 いつの間にかその内容を暗記しています！	8	15 日曜日だからもっと練習します！ ^-^	
4/29	4/30	5/1	宇久島の「UKUJIMA」祭のスタッフとして応援に行きました (>o<)。芸能人と会いましたよ！ *だれですか ?!*
0	0	0	
すみません。この三日間は佐世保にボランティア活動を参加しに行って、練習してませんでした。 *どんな活動でしたか？*			

図3　学習者B（中国・N1レベル相当(SPOT 88点)）の練習の記録シート

　学習者B（図3）は、とても詳細に記録をつけている学習者です。練習の様子や目標への達成度だけでなく、どのように留学生活を送っているかもよくわか

ります。そして、教師からのコメントに返事を書いていることもあり、また、コメントをよく読んでいることもわかります。シャドーイングの枠を超えて、日本語でやり取りをする良い機会になっている例です。

感想・目標など
今週は毎日 1.5 分練習しました。 Golden Week と週末に教授とハイキングしましたから今は 80% ぐらいはっきり話せます。 　　　*よかったですね！　教授について、おもしろい発見がありましたか？　どんな先生ですか？*
わ～すごい‼ 先週は私たちの社会環境デザインコースの○○教授いっしょに 20km をあるいた。ドローンの撮影しました。水質と植物の生長状況などを調べました。今週も毎日シャドーイングを練習しました！ 　*ドローンの運転(?)もしたんですか？*　　　　　　　*毎日練習してくれてありがとう。上手になっている感じがしますか？*

↑ 2 回ぐらい運転した。とてもおもしろいです。もっと練習必要があります。 　*へ～、おもしろいですね。専門の授業がおもしろそうで、よかったです。しんせつなクラスメイトがいますか？*	練習する日は何回練習しましたから、ある日は練習しなかった 　*毎日練習すれば、もっと日本語が上手になりますよ (^-^)*

図4　学習者 C（中国・N2 レベル相当(SPOT 79 点)）の練習の記録シート

　学習者 C(図 4)は、学習者 B 以上にシャドーイング練習以外のことを記述しています。ここから、この 3 週間は日本での留学生活を楽しんでいることが想像できます。

　ここで紹介した学習者 A、B、C は N1 - N2 レベル相当の日本語学習者ですが、次の図 5 や図 6 のように N3 - N5 レベルの学習者でも振り返りは十分可能です。

	感想・目標など
	感想 来週は漢字テストがあるので、シャドーイングの練習の時間があまりありませんでしが、漢字テストの終で、シャドーイングにがんばります！
	今後の目標と具体的な活動　*正直に教えてくださりありがとう！では、まず、漢字テストを超がんばってください (^-^)*
	感想 アニメを見ながら、1番の会話みたいを聞いて、サブタイトルを見ないで、ぜんぶんわかりました。　*オー☆☆　すご～い　(T_T)［感動］*
	今後の目標と具体的な活動
	感想 先週の日曜日は、日本人といざかやへ行って、「なつバて」について話した。　*ウナギを食べると言っていましたか？*

図5　学習者D（イタリア・N3レベル相当(SPOT 59点)）の練習の記録シート

	感想・目標など
6/19	感想 いま、シャドウイングはとてもおもしろいです。　*ありがとう！*
さんじゅうぷん	今後の目標と具体的な活動　わたしはにほんごをはなしたいです。まいにちわたしのかぞくととともたちににほんごででんわをかけます。　*にほんじんのともだちですか?!*
6/26	感想 シャドウイングのせんせいはおもしろくてやさしいせんせいです。このシャドウイングがすきです。　*(^-^)*
にじゅっぷん	今後の目標と具体的な活動　わたしはシャドウイングをぜんぶおぼえておきたいです。　*○○さんは、よくにほんごをべんきょうします！すごい☆☆*

図6　学習者E（ナイジェリア・N5レベル相当）の練習の記録シート

　学習者E（図6）は、日本語学習を始めて2か月目ですが、習った日本語でのやり取りをしたいという意志がこのシートからよく伝わります（しかし、1日20～30分のシャドーイングは長すぎかもしれません…）。もし学習者と教師に共通言語があれば、その言語で記録をつけさせるのも良いと思います。

　学習者が「練習の記録」シートでのやり取りに満足し、それを続けさせるためには、表4～6（➡ p.150）の結果にしめされているように、教師が何をどのようにどのタイミングでコメントするかというのが大事になります。学習者に対するコメントの書き方、すなわちフィードバックの仕方については、横溝

第 7 章　学習者へのサポート

(2004, 2011)の先行研究が参考になります。表7と図2～6の筆者のコメント
を照らし合わせ、「これは良いコメント」、「これは悪いコメント」という観点
でぜひチェックしてみてください。

表7　フィードバックの与え方のコツ　（横溝（2004: 46-47）より抜粋して作成）

1	**相手がうれしさいっぱいの時は、その思いをしっかり受けとめ、共に喜ぶ**
	• 相手のうれしそうな表情や声のトーンに合わせ、うれしい結果が相手の行動の結果だと認め、自分の喜びもことばも一緒に伝える
2	**ほめて認める**
	• ほめて認めるメッセージの伝え方には、「YOU メッセージ」「I メッセージ」があり、それぞれの機能を認識しておく必要がある
	• 「ほめて認めること」は、相手に安心感とやる気をもたらすが、誤って使うと逆効果
	• 「ほめるところがなかなかない」場合は、以下のようにすると良い
	・ 相手をよく観察し、うまいほめことばが見つからなかったら、相手の行動そのものを見たままにことばにするだけでも良い
	・ 「私はあなたを見ています」という心のメッセージを送ることが肝心
3	**励まし方**
	• 「がんばれ」「きっと大丈夫」「君ならできる」という決まり文句が、負担を与えることがあることを認識する
	• 目の前の問題と一体化し、不安で身動きが取れなくなっている相手には、「がんばれ」を言う前に、「過去の成功経験」や「強み」に焦点を当て、視点を変えるようフォローする
	• 成功体験を持っていなかったり、あってもすぐに思い出せない場合は、相手にとって「うまくいっていること」や、聞き手から見た相手の「強み」に焦点を当てる
	• 「あなたがモデルとする人なら、今の不安をどうするか？」と聞いてみるのも有効
	• 相手に「成功体験」も「強み」も「モデル」もない時は、まわりの人間関係を見渡すよう促してみる
4	**失敗で落ち込んでいる相手に対して**
	• 「責める」「励ます」は厳禁
	• まず落ち込んでいる相手の気持ちを受け止める
	• 受け止めた後しばらくして、相手が底に沈みきった状態から回復して、少し浮かび上がってくることを見計らってフォローする

157

「Practice Makes Perfect!」
「近道はありません。大切なのは続けること。」

　これは、迫田氏がシャドーイングをする学習者に必ず言うことばです。外国語が上手になるためには、練習とそれを続ける努力が必要です。アメリカの心理学者であるダックワース教授は、陸軍士官学校の卒業生、4年制大学の卒業生、スペリング大会の決勝戦進出者、起業家、音楽家、水泳選手、俳優、フットボール選手などいわゆる一流の人たちを対象に、どんな人が最後まで脱落せず、それぞれの分野で成功し、偉業を成し遂げるのかについて調査しました。それによると、「生まれ持った才能」よりも「やり抜く力（grit）」というものが大きく関与していたそうです（ダックワース 2016; Duckworth 2013）。「やり抜く力」は、長期的な目標に向けた「情熱（passion）」と「粘り強さ（perseverance）」の2つの要素から構成されています。「情熱」とは、自分の目標に対し興味を持ち続け、じっくりと長い間取り組むことです。「粘り強さ」とは、困難や挫折を味わってもあきらめずに努力を続けることです。ダックワース教授は、本の中で、中学1年生の数学のクラスで呑み込みが悪かった生徒が努力を重ね、良い成績を取った例を挙げ、次のように述べています。「（中学1年生の数学に関しては）教師が生徒たちと一緒にじっくり取り組んで、十分な努力を積み重ねれば、きちんと習得できるのではないだろうか。きっとそうにちがいない（略）」。そして、「生徒が粘り強くがんばれるように、努力を続ける方法を考えるのは教師の責任だ」と述べています。また、教師をはじめ周りの人が子どもや生徒の興味を注意深く観察し続けることが本人の情熱を伸ばすことにつながるとも述べています。

　これらのことは、学習者のシャドーイング練習をサポートする私たち教師も心にとどめておくべきことです。授業でのシャドーイング練習の様子、テストでのパフォーマンス、授業外での練習、練習の記録など、いろいろな機会を通して学習者を観察し、一人ひとりの声を聞くことで、教師が自分自身のやり方を振り返り、学習者が情熱と粘り強さを保ち続けるための努力、工夫、自己研鑽を教師自身も重ねなければなりません。そうした上で、この第2部でご紹

介したシャドーイングの導入法やさまざまな実践例、さらに第3部の座談会が、それを感じ、「自分にもできそうだ」と思っていただける機会になることを願っています。

❶ 学習者の興味・関心・目標に合ったものでシャドーイングすると、学習者の動機づけを維持しやすい。

❷ 学習者のシャドーイングに対する動機づけを高めるためには、学習者をよく観察することが大事。その方法として、教師－学習者間で感想や意見のやり取りをする「練習の記録」や「内省ノート」を活用することが効果的。

■ 第 2 部　参考文献

阿栄娜・林良子 (2010)「シャドーイング練習による日本語発音の変化 ―モンゴル語・中国語話者を対象に―」『電子情報通信学会技術研究報告』109(451)，19-24.

石黒圭 (2016)「教師は何もしなくていい ―学習者が主体的に学べる環境作り―」五味政信・石黒圭 (編著)『心ときめくオキテ破りの日本語教授法』第 9 章，くろしお出版，170-184.

石田久美子・平井明代 (1998)「シャドーイング指導上の留意点」『シャドーイングの応用研究』29-35.

市川伸一 (1993)「紹介編 ―認知カウンセリングとは何か―」市川伸一 (編著)『学習を支える認知カウンセリング ―心理学と教育の新たな接点―』第 1 部，ブレーン社，9-33.

市川伸一 (1995)『現代心理学入門 3　学習と教育の心理学』岩波書店

市川伸一 (2013)『岩波科学ライブラリー 211　勉強法の科学 ―心理学から学習を探る―』岩波書店

市川伸一 (2014)「学習意欲の理論」市川伸一 (編著)『学力と学習支援の心理学』第 3 章，放送大学教育振興会，33-46.

伊藤崇達 (2009)『自己調整学習の成立過程 ―学習方略と動機づけの役割―』北大路書房

植阪友理 (2010)「メタ認知・学習観・学習方略」市川伸一 (編)『現代の認知心理学 5　発達と学習』第 7 章，北大路書房，172-200.

植阪友理 (2014)「個別学習相談による診断と支援」市川伸一 (編著)『学力と学習支援の心理学』第 5 章，放送大学教育振興会，65-80.

植阪友理・瀬尾美紀子・市川伸一 (2006)「認知主義的・非認知主義的学習尺度の作成」『日本心理学会第 70 回大会発表論文集』890.

越中康治・高田淑子・木下英俊・安藤明伸・高橋潔・田幡憲一・岡正明・石澤公明 (2015)「テキストマイニングによる授業評価アンケートの分析 ―共起ネットワークによる自由記述の可視化の試み―」『宮城教育大学情報処理センター研究紀要』22, 67-74.

大石晴美 (2008)「脳内を最適に活性化する英語教授法とは」『英語教育』56, 10-13.

大久保雅子 (2015)「初級日本語クラスにおけるシャドーイング実践」『青山スタンダード論集』10, 13-25.

大久保雅子・神山由紀子・小西玲子・福井貴代美 (2013)「アクセント習得を促すシャドーイング実践 ―効果的な実践方法を目指して―」『早稲田大学日本語教育実践研究』1, 37-47.

荻原廣 (2005)「日本語の発音指導におけるシャドーイングの有効性」『京都経済短期大学論集』13, 55-71.

荻原廣 (2007)「シャドーイングの日本語音声教育における有効性 ―単音、アクセント指導を中心に―」『國文學論叢』52, 112-126.

織田揮準 (1995)「学生からのフィードバック情報による授業改善 ―大福帳効果に関する授業実践―」『日本科学教育学会研究会報告書』9(4), 9-14.

郭昱昕 (2014)「プロソディ・シャドーイング練習が日本語の特殊音素の知覚と産出に及ぼす効果」『教育学研究ジャーナル』15, 11-19.

影山陽子 (2000)「上級学習者による推敲活動の実態 ―ピア・レスポンスと教師フィードバック―」『お茶の水女子大学人文科学紀要』54, 107-119.

門田修平（2004）「シャドーイングの科学 ―なぜシャドーイングは英語力を伸ばすのに効果があるのか―」門田修平・玉井健（編著）『決定版　英語シャドーイング』第1部, コスモピア, 13-56.

門田修平（2007）「シャドーイング・音読トレーニングの教室への応用」『シャドーイングと音読の科学』第5章, コスモピア, 198-248.

門田修平（2018）『外国語を話せるようになるしくみ ―シャドーイングが言語習得を促進するメカニズム―』SBクリエイティブ

門田修平・玉井健（2004）『決定版　英語シャドーイング』コスモピア

門田修平・高田哲朗・溝畑保之（2007）「序章」『正攻法がいちばん！　シャドーイングと音読 ―英語トレーニング―』コスモピア, 9-40.

唐澤麻里（2010）「シャドーイングが日本語学習者にもたらす影響 ―短期練習による発音面および学習者意識の観点から―」『お茶の水女子大学人文科学研究』6, 209-220.

河路由佳（1998）「日本語教育における話速変換機器の有効利用に関する考察」『多摩留学生センター教育研究論集』1, 43-48.

熊井信弘・大野純子（2010）「シャドーイング練習及びその相互評価を可能とするオンラインシステムの構築と運用」『言語・文化・社会』8, 73-89.

倉田久美子（2007）「日本語シャドーイングの認知メカニズムに関する基礎的研究 ―口頭再生開始時点、記憶容量、文構造の観点―」『広島大学大学院教育学研究科紀要第二部（文化教育開発関連領域）』56, 259-265.

倉田久美子（2009）「文章シャドーイングの遂行成績に及ぼす記憶容量の影響」『広島大学大学院教育学研究科紀要第二部（文化教育開発関連領域）』58, 185-193.

向後千春（2006）「大福帳は授業の何を変えたか」『日本教育工学会研究報告書』5, 23-30.

向後千春（2014）「基調講演　学修効果を高めるICTの活用法 ―反転授業も含めた授業設計―」長崎大学（2014年8月28日）

近藤妙子・藤井慶子・末田朝子・中島智子・迫田久美子・松見法男（2007）「国内の日本語学校におけるシャドーイング実践の取組み」『2007年度第10回日本語教育学会中国地区研究集会予稿集』44-49.

近藤玲子（2010）「シャドーイングの教材に関する研究 ―難易度の観点から―」『ICJLE2010　世界日本語教育大会予稿集（CD-ROM版）』

斎藤仁志・吉本恵子・深澤道子・小野田知子・酒井理恵子（2006）『シャドーイング日本語を話そう・初～中級編』くろしお出版

斎藤仁志・深澤道子・酒井理恵子・中村雅子・吉本恵子（2010）『シャドーイング日本語を話そう・中～上級編』くろしお出版

斎藤仁志・深澤道子・酒井理恵子・中村雅子（2016）『シャドーイング日本語を話そう ―就職・アルバイト・進学面接編―』くろしお出版

迫田久美子（2010）「日本語学習者に対するシャドーイング実践研究 ―第二言語習得研究に基づく運用力の養成を目指して―」『第二言語としての日本語の習得研究』13, 5-21.

迫田久美子（2016）「日本語教師は接客業である ―学習者を知り、理解することがすべての第一歩―」五味政信・石黒圭（編著）『心ときめくオキテ破りの日本語教授法』第1章, くろしお出版, 12-27.

迫田久美子・古本裕美・橋本優香・大西貴世子・坂田光美・松見法男（2007）「日本語指導におけるシャドーイングの有効性 ―学習者のレベルの違いに基づいて―」『日本教育心理学会第49回総会発表論文集』477.

迫田久美子・古本裕美（2008）「第二言語習得研究におけるアウトプット強化の試み ―シャドーイングの教材レベルは i+1 か、i-1 か―」『日本語教育国際研究大会2008 予稿集2』393-396.

迫田久美子・松見法男・近藤妙子・末田朝子・藤井慶子・中島智子・福永尚子・中川雅美（2008）「国内の日本語学校におけるシャドーイング実践の取り組み ―8ヶ月の調査結果に基づいて―」『日本語教育学を起点とする総合人間科学の創出』広島大学大学院教育学研究科日本語教育学講座推進研究平成19年度報告書, 45-57.

迫田久美子・古本裕美・中上亜樹・坂本はるえ・後藤美知子（2009）「シャドーイング実践におけるペア学習型と教師主導型授業の比較」『広島大学日本語教育研究』19, 31-37.

城保江（2010a）「シャドーイング遂行時における学習者のメタ認知に関する研究 ―ストレスや苦手意識に視点をおいて―」『佐賀大学留学生センター紀要』9, 115-123.

城保江（2010b）「初級学習者におけるシャドーイング訓練時の意識 ―シャドーイングに対するプラス意識とマイナス意識を持つ学習者の比較―」『第二言語としての日本語の習得研究』13, 39-56.

鈴木久実（2007）「シャドーイングを用いた英語聴解力向上の指導についての検証」『STEP BULLETIN』19, 112-124.

鈴木隆一（2009）「英検リスニング問題の音声加工による聴解度向上の可能性 ―ナチュラルスピードの英語音声理解の壁を越えるポーズ効果―」『STEP BULLETEN』21, 63-77.

瀬尾美紀子（2014）「学習の自己調整」市川伸一（編著）『学力と学習支援の心理学』第4章, 放送大学教育振興会, 47-64.

高橋恵利子（2012）「シャドーイングの実践から ―発音矯正から運用力向上を目指して―」配布資料（2012年1月14日「ワークショップ」京都日本語学校, 迫田久美子（2012）『平成21年度～23年度文部科学省科学研究費補助金基盤研究 (B) 研究成果報告書 海外日本語学習者への運用能力養成のためのシャドーイング研究 ―「できる」への実践―』475-482.）

高橋恵利子・松﨑寛（2007）「プロソディシャドーイングが日本語学習者の発音に与える影響」『広島大学日本語教育研究』17, 73-80.

高橋恵利子・福田規子・岩下真澄・迫田久美子（2010）「上級レベル学習者に対するシャドーイングの研究 ―学習者の気づきと教師の支援―」『広島大学大学院教育学研究科紀要第二部（文化教育開発関連領域）』59, 299-308.

瀧澤隆正（1998）「通訳訓練法の英語学習への応用(1) ―シャドーイング―」『北陸大学紀要』23, 217-232.

竹内明弘・倉品さやか（2017）「iOS 端末で動く独習用シャドーイングアプリの開発」『日本語教育方法研究会会誌』23(2), 6-7.

ダックワース, アンジェラ（2016）『やり抜く力 ―人生のあらゆる成功を決める「究極の能力」を身につける―』神崎朗子（訳）, ダイヤモンド社

玉井健（2004）「博士が答えるミニミニ Q&A ―シャドーイングって、完璧にできなくちゃいけないんでしょうか？―」門田修平・玉井健『決定版 英語シャドーイング』コスモピア, 159.

築山さおり（2013）「初級日本語学習者の運用能力向上を目的としたシャドーイングの活用について」『同志社大学日本語・日本文化研究』11, 39-57.

寺尾敦（1998）「理論編：認知カウンセリングと基礎研究の関わり①教訓帰納の有効性に関する実証的研究」市川伸一（編著）『認知カウンセリングから見た学習方法の相談と指導』第4部，ブレーン社, 160-185.

戸田貴子（編）（2012）『シャドーイングで日本語発音レッスン』スリーエーネットワーク

中山誠一（2016）「シャドーイング体験と英語教育での実践紹介」配布資料（2016年3月5日「ワークショップ　英語教育と日本語教育におけるシャドーイングの効果的な指導」長崎大学）

中山誠一・鈴木明夫（2012）「学習方略の違いがシャドーイングの復唱量に与える影響」『リメディアル教育研究』7, 131-140.

長崎大学大学教育イノベーションセンター（2016）『長大教員のためのティーチングティップス ―すぐに実践できる授業づくりの技法―』

奈須正裕（1988）「Weiner の達成動機づけに関する帰属理論についての研究」『教育心理学研究』37, 84-95.

韓暁（2014）「ビリーフの観点から見るシャドーイング訓練における日本語学習者の情意面の変容 ―中級学習者を対象とした縦断的調査に基づいて―」『広島大学大学院教育学研究科紀要第二部（文化教育開発関連領域）』63, 235-242.

樋口耕一（2014）『社会調査のための計量テキスト分析 ―内容分析の継承と発展を目指して―』ナカニシヤ出版

福富七重・井手友里子・土居美有紀（2014）「初中級クラスにおけるシャドーイングの実践報告 ―素材と練習方法を改善して―」『南山大学国際教育センター紀要』15, 39-52.

古本裕美（2016）「上級日本語学習者のシャドーイング練習時の内省分析 ―日本語運用能力の伸長度に基づく比較―」『長崎大学国際教育リエゾン機構紀要』1・2, 1-17.

村山航（2010）「認知と動機づけ」市川伸一（編）『現代の認知心理学5　発達と学習』第5章，北大路書房, 104-128.

矢野香（2014）『NHK式＋心理学　一分で一生の信頼を勝ち取る法 ―NHK式7つのルール―』ダイヤモンド社

山田智久（2012）『日本語教師のための TIPS77　第2巻　ICT の活用』くろしお出版

山森理恵（2012）「聞き取り授業におけるシャドーイングの効果を高めるための試み」『日本語教育方法研究会誌』19(2), 10-11.

横溝紳一郎（2004）「日本語教師教育者の資質としてのコミュニケーション能力 ―メンタリングの観点から―」『広島大学日本語教育研究』14, 41-49.

横溝紳一郎（2011）『日本語教師のための TIPS77　第1巻　クラスルーム運営』くろしお出版

横溝紳一郎・山田智久（2019）『日本語教師のためのアクティブ・ラーニング』くろしお出版

李在鎬・小林典子・今井新悟・酒井たか子・迫田久美子（2015）「テスト分析に基づく『SPOT』と『J-CAT』の比較」『第二言語としての日本語の習得研究』18, 53-69.

Bandura, A.（1977）Self-efficacy: Toward a unifying theory of behavioral change. *Psychological Review*, 84, 191-215.

Furumoto, Y.（2017）The Effectives and the Difficulties of Shadowing Practice in Japanese Language Learning. *Proceedings of International Conference on Japanese Studies (ICJS) 2017*, 87-101.

Ilgen, D. R., & Davis, C. A.（2000）Bearing bad news: Reactions to negative performance feedback. *Applied Psychology: An International Review*, 49(3), 550-565.

Loveland, K. K., & Olley, J. G.（1979）The effect of external reward on interest and quality of task performance in children of high and low intrinsic motivation. *Child Development*, 50(4), 1207-1210.

■ 第 2 部　参考 Web サイト

NHK 広報局（2017）『NHK ジュニアブック 2017 年～ 2018 年』
　　　<https://www.nhk.or.jp/digitalmuseum/dekiru/jrbook2017.pdf>（2018 年 2 月 7 日）

京都 FD 開発推進センター（2010a）『まんが FD ハンドブックおしえて！ FD マン【新任教員編】』
　　　<http://www.consortium.or.jp/special/kyoto-fd/handbook/digital_book/index.html>（2019 年 2 月 20 日）

京都 FD 開発推進センター（2010b）『まんが FD ハンドブックおしえて！ FD マン【成績評価編】』
　　　<http://www.consortium.or.jp/special/kyoto-fd/handbook/digital_book_vol2/index.html>（2019 年 2 月 20 日）

清瀬由香（2019）「writer.app で文字起こしが超楽しくなる（mac 編）」
　　　<https://note.mu/yuka_noda/n/n72e83947410f >（2019 年 10 月 26 日）

波多野博顕（2018）「日本語教育通信 授業のヒント　音声学習の機会を増やす」
　　　<https://www.jpf.go.jp/j/project/japanese/teach/tsushin/hint/201810.html>（2019 年 1 月 25 日）

Duckworth, A. L.（2013）Grit: The power of passion and perseverance, TED Talks Education
　　　<https://www.ted.com/talks/angela_lee_duckworth_grit_the_power_of_passion_and_perseverance>（2019 年 2 月 1 日）

Murphy, T. (2014) Shadowing and Summarizing
　　　<https://www.youtube.com/watch?v=Bri4tpCbjR4&index=46list=PL274902FC5BDAAA30>
　　　　　　　　　　　　　　　　　　　　　　　　　　　　　　　　（2019 年 2 月 11 日）

第3部

座談会
日本語学校でのシャドーイング実践

　ここでは、民間の日本語学校で行われたシャドーイング実践の6年間の取り組みについて、実際に担当した教師たちの意見や感想を座談会形式で紹介します。学校全体で取り組むにあたって、新しい試みを教師が受容するための方向づけや事前の準備について語り、当時の時間割を示しながら、教室活動としてどのようにシャドーイングを取り入れたかについて解説します。初年度は試験的に一部の学生に、そして翌年から中級以上の全クラスへ導入し、段階を追って改善してきた経緯と、シャドーイングの予想外の効果についても述べます。

日本語学校でのシャドーイング実践

場　所：広島 YMCA 専門学校
日にち：2009 年 5 月 29 日
出席者：近藤妙子、末田朝子、中川雅美、福永尚子、
　　　　藤井慶子、森本智子 (以上、広島 YMCA 専門学校・日本語教師)
　　　　迫田久美子(広島大学)、古本裕美(長崎大学)
文　責：近藤妙子・古本裕美

■広島 YMCA 専門学校について

迫田：まずは、シャドーイングを導入された広島 YMCA 専門学校がどういう学校なのかについて教えてください。

近藤：専門学校の日本語課程で全日制です。学習者のほとんどが日本での進学を目的としています。授業は 1 日に 4.5 時間程度、それが週に 5 日間毎日あります。

迫田：進学予備教育の日本語課程という感じですかね。学習者数と教員数はどうですか。

近藤：学習者数は毎年違いますが、シャドーイングを行った年は大体 200 名前後で、12〜14 クラスありました。教員数も毎年変わって、常勤、非常勤合わせて大体 30 名前後です。

迫田：その 30 名前後の全教員がシャドーイングに取り組まれたということでしょうか。

近藤：いいえ。まず、本校では初級が終わった中級レベル以上の学習者を対象にしました(図 1 参照)。シャドーイングは、中級以上の技能別授業の中に取り入れたので、その中級以上のクラスに入る教員が担当しました。

迫田：専任だけでなく、非常勤も担当されたということですか。

近藤：はい、全体でということですね。

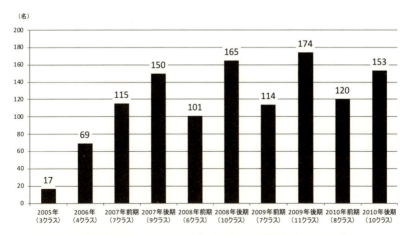

図1　広島YMCA専門学校でシャドーイングに取り組んだ学習者数とクラス数

■シャドーイングを取り入れるまでの過程（教師の不安・苦労）

迫田：全体で取り組むとなると、シャドーイングを日本語学校に取り入れること自体についての理解が教員によって異なるんじゃないかと思うんですが、いかがでしたか。

近藤：シャドーイングを実際に取り入れてやっていくには、その日本語教育機関の授業の運営方法に左右される部分があると思うんです。本校ではシラバスは学校の方で1コマごとに全て作成し、それに従って授業をすることになっています。シラバスにシャドーイングの実施が含まれているので、非常勤の先生方にも言いやすいし、伝わりやすいんです。でも、日本語学校というのは必ずしもそういう所ばかりじゃなくて、教科書はこの中から選んでください、中身はおまかせしますという所も結構あるんですね。そういう所だと、シャドーイングを学校全体で取り組んでいくということは、環境的にまず難しいと思います。

迫田：学校自体がどういう運営というか、教育方針であるかということに大きく左右されるということですね。1週間に1度しかいらっしゃらない非常勤の先生の場合、シャドーイングの目的や方法などを理解していただくのは難しいかもしれないと思うんですが、実際はどうですか。

近藤：私たちは「このプログラムはこれです」と提示していく立場にあるので、「これをします」と言えば、先生方はマニュアルを見てやってくださっています。ただ最初は、教育の一環としてではなく、試験的に「やってみましょう」というようなところもあったので、「なぜやるのか」ということを理解していただくときに、やっぱりちょっと大変な所はあったと思います。

迫田：そのために何か工夫されたことはありますか。

近藤：まず、先生方に授業の中にシャドーイングを取り入れることについての説明をして、シャドーイングを理解するための研修を行いました。

迫田：それでもまだ納得がいかない先生方というのはいらっしゃいませんでしたか。

近藤：それについてアンケートをまとめてくださった末田先生、どうですか。

末田：シャドーイングをやること自体に否定的な先生は、多分いらっしゃらなかったんです。でも、この授業にこのシャドーイングを持って来るのはちょっと…、進め方に支障が出るんじゃないかという不安はあったんじゃないかと思います。

藤井：やること自体には問題はないんです。

迫田：では、何に問題を感じたんですか。

藤井：他に授業でやるべきこと、やらなければならないことがたくさんあるので、ここでシャドーイングを持って来るべきかどうかという迷いはちょっとありましたね。

迫田：それはシャドーイングが問題ではなくて、たぶん学校経営とか学校のカリキュラムとかの問題ですかね。教師間の連携というのも重要になってくると思うんですが、その点で何か工夫されたことはありますか。

近藤：情報を共有して各担当者が役割を果たせるように、スケジュール表、手順マニュアル、使用教材、実施記録表、評価用紙など作成しました。それから、それらの資料は毎年ファイルにまとめておきました。

■取組みの変遷

迫田： 2005 〜 2010 年度までシャドーイングに取り組まれたということですが、各年度、どのように取り組まれたのかについて教えてください。

近藤： 最初の 2005 年度は試験的に希望する学習者のみに限定して行って、授業にシャドーイングを組み込むための模索をしました。次の 2006 年度は、中級以上のクラスで行いました。その年は学習者が利用できる MP3 プレーヤーの台数が限られていたので、テープレコーダーと組み合わせて授業の中で練習しました。5 日間を 1 ローテーションとして、最終日に学習者は教師の前でシャドーイングを行い、教師が練習成果を確認するという流れでした。2007 年度以降は、学習者各自に MP3 プレーヤーを 1 つ配布しました。進め方は 2006 年度と同じです。2008 年度からは、10 日間を 1 ローテーションという進度に変更しました。最終日に教師が練習成果を確認するというのは同じです(表 1 参照)。

迫田： どうしてローテーションを 5 日間から 10 日間に変更したんですか。

森本： 学習者の様子を見て、練習が足りていないのではないかという懸念から、10 日間に増やすことにしました。

迫田： 何か変化はありましたか。

近藤： 10 日間だと、学習者も落ち着いて練習できました。シャドーイングのできが不完全な学習者がいても新しい教材に進みました。これはモチベーションを下げないためです。また、丸覚えをしてくる学習者に対しては、やり方を適宜調整しながら進めました。あと曜日ごとに学習者を数人ずつ振り分けて、その学習者を中心に様子を見守ることにしました。

迫田： なるほど。それから、2007 年度と 2008 年度は実践研究を行って、結果を論文や発表という形でまとめられたんですよね。

近藤： はい [1]。

1　近藤他（2007）、迫田他（2008）

表 1　広島 YMCA 専門学校における年度別の取り組み

年度	2005 年度	2006 年度	2007 年度
対象	希望者のみ	中級以上全員	中級以上全員
サイクル	4 日	5 日	5 日
時間	20 ～ 30 分	10 ～ 15 分	10 ～ 15 分
教材	『中級から学ぶ日本語』本文（独話）	『中級から学ぶ日本語』ワークブック聴解（独話）	中上級[2]：『中級から学ぶ日本語』ワークブック聴解Ⅱ（独話）初中級：『毎日使えてしっかり身につく　はじめよう日本語初級①』（会話）
1 日目	聞きながら黙読→マンブリング→プロソディ・シャドーイング→テキスト確認	テキスト確認→リピート	テキスト確認→音読→リピート
2 日目	プロソディ・シャドーイング→テキスト確認→コンテンツ・シャドーイング	各自シャドーイング	各自シャドーイング
3 日目	コンテンツ・シャドーイング→教師による練習成果確認	全員でシャドーイング→区切って 1 名ずつ交代でシャドーイング	各自シャドーイング
4 日目	コンテンツ・シャドーイング→教師による練習成果確認	各自シャドーイング	各自シャドーイング
5 日目		教師による練習成果確認	教師による練習成果確認

年度	2008-2010 年度		
対象	中級以上全員		
サイクル	10 日		
時間	10 ～ 15 分		
教材	2008 年・2009 年度 中上級：JLPT2 級聴解（会話）／初中級：JLPT4 級聴解（会話） 2010 年度 上級：注文の多い料理店・むじな（独話） 中級：一休さん／初中級：浦島太郎（独話）		
1 日目	テキスト確認→黙読→音声を聞く	6 日目	各自シャドーイング
2 日目	リピート→音読	7 日目	各自シャドーイング
3 日目	リピート	8 日目	各自シャドーイング
4 日目	各自シャドーイング	9 日目	各自シャドーイング
5 日目	各自シャドーイング	10 日目	教師による練習成果確認

....
2　中上級は中級及び上級に入って少し経っている学習者。初中級は初級が終わったばかりの学習者。2010 年は上級、中級、初中級の 3 レベルで分けた。

■教室への取り入れ方

迫田：では、授業内でのシャドーイングのやり方について教えてください。

近藤：まず授業に向けてのオリエンテーションでは、全体の授業の1つとしてシャドーイングという活動があることを学習者に伝えて、シャドーイングの効果や目的について説明します。実際の授業の中で、MP3プレーヤーの使い方とシャドーイングの進め方について説明します。その時間は10分か、割いても15分ぐらいです。

迫田：2008年度からは、10日間を1ローテーションでシャドーイングを進められたんですよね。

近藤：はい。

迫田：4～9日目のシャドーイングにかけた時間はどれくらいですか。

近藤：毎日10～15分程度です。

迫田：だいたい2週間で1ローテーションということですが、3週間にするとどうだと思いますか。

近藤：飽きるんじゃないかと思います。

藤井：自分ができないと思ったら、もう3週間目には嫌になると思います。

近藤：それに、2週間で文を全部覚えていたりする学習者もいるので、3週間だと完全に丸覚えで、音声を聞かなくてもいいということになってしまう可能性もあります。

迫田：それはよく聞かれることなんですけど、覚えてしまうことはどうなんでしょうね。それから、シャドーイングせずに暗記をして、シャドーイングのテストに臨むという学習者もいたりしますよね。私はそれがきれいに覚えているのであれば、良いと思うんですよ。だけど、我流で覚えていて、例えばアクセントが違うこともありますよね。もっと言えば、勝手に助詞が入ったり抜けたりしますよね。実はそういうことを排除するためにシャドーイングをさせているので、暗記してきた学習者には私は「もう1回やってごらん」と言って、「あなたは覚えたかもしれないけど、これだけ違うの。覚えるなら正確に覚えない限り役に立たない。自分は暗記してパーフェクトにしゃべっていると思っているかもしれないけど、これは化石化と言って、間違いが直らないのにずっとそのまま

続けているのよ。だから、覚えてくるなら完璧に覚えなさい。だけど、その前によく聞きなさい。よく聞くことがとても大事だから」と伝えるんです。

藤井：そうですね。そこら辺を苦労していて、違う音が入っていたりするのは、暗記のせいなのか、言い間違えてツルッと言ってしまうのか、勢いでツルッと言ってしまうのか、その辺の判断がちょっと難しいです…。

迫田：それは暗記したかどうかを学習者に聞けば良いと思うんです。暗記でも分かっているんだけどツルッと言ってしまう。でも逆に言うと、ツルッと言ってしまうからこそ、今、ここで直さないと、もっと固まると思うんです。そして「あなたのような学習者こそシャドーイングが良いんだよ」と。私自身としては、ポロッと出てくる間違いを直すためにシャドーイングを導入しているんです。それに、暗記しているとコミュニケーションができない可能性もありますよね。聞けない。だから、自分の言いたいことは勝手に言えるけど、相手の言っていることは分からないということが生じるんです。

■学習者のケア

迫田：実際、シャドーイングを練習している時の学習者の反応はどうでしたか。

近藤：授業の中で行っているので、他の授業活動と同じようにやっています。

中川：シャドーイングが大好きだという学習者もいれば、速く話すのが苦手なせいか、つらそうな印象を受ける学習者もいました。

近藤：教材によっても、彼らが一様に速く感じたり遅く感じたりという反応を見せることもありましたね。これは、教材の内容や会話か独話かという形式が原因だったかもしれません。

迫田：例えば本当に全くやらない学習者がいたりとか、本当に最初から最後までイヤでイヤでしょうがないということは無かったですか。

福永：シャドーイングをやらない学習者は、普通の学習もやらなかったりするので。

近藤：そう、学習者たちは、他にもやりたくないことはたくさんありますよね。

迫田：そういう場合、おそらくそれはシャドーイングだけの問題じゃなくて、たぶん学習全体の問題だと思うんですが、何かフォローされていましたか。あと、さっきのシャドーイング大好きという学習者ですが、割と話すのが好きとか、おしゃべりな学習者とか、社交的な学習者とかがシャドーイングが好きだという感じがありますか。

藤井：それは、必ずしもそういうわけではなくて、すごくしゃべれて、よくできる学習者で、シャドーイングが苦手と言った学習者もいますよ。

迫田：それは本人が「シャドーイングが苦手だ」と言うんですか。それとも、先生から見て？

藤井：私から見たら、むしろそんなに遜色はないんですけど。

迫田：それはよくできる学習者の悩みというか、できているんだけど、自分のレベルが高いから私はできないというふうに言っているんじゃないんですか。

藤井：でも、その学習者はもしかしたら、できなければ暗記するタイプかも。何か聞きながら言うのに対して自分がついていけないことに強いフラストレーションを感じるとか。

迫田：シャドーイングは流れてくる音声に合わせて言っていかなきゃいけないからね。そうかもしれませんね。他に何か、シャドーイングができる学習者や大好きな学習者の特徴というのはありますか。

森本：今、まじめな学習者ほど暗記しているというのがありましたが、先生が成果を確認するということは、たぶん成績に関係があるんじゃないかと思っているんじゃないかと思うんですよ。だから、成果確認の直前にすごい必死になって練習して、できるようになるまで確認に来ないとか、そういう学習者もいます。成績に入れるとも入れないとも言っていないし、実際入れていないんですけど、先生がメモしたりするのを見ると、やっぱり何かそこでちゃんと言えないことはマイナスなことだというのが、まじめな学習者ほどそう思うみたいです。できなかったらもう1回やらせてくれとか、もう1回練習してから後でやっても良いかとか、そういうふうに言う学習者もいました。何か先生の前でちゃんとやるためにやっているという感じの人も。

迫田：実際そうだと思うんですよね。学校でシャドーイングを導入するという

ことは、彼らにとってその成果確認は文法テストと同じですよね。まして先生が確認をしているといったら、やっぱりテストに関わると思うし、そうだとしたら、彼らにとっては音声に沿って上手に言うということよりは、正確に言うということの方が多分プライオリティが高いと思うんですよね。だから、そこのところは、どこかで学習者たちに「暗記することももちろん悪くはないけど、暗記することとシャドーイングがきちんとできることは違う能力を養っていることになるから、暗記するんだったらパーフェクトに暗記して、上手にシャドーイングをやってね」と言うのが良いかもしれないですね。

■シャドーイングの副産物

迫田：今までの話から、実際日本語学校などが全体でシャドーイングを導入することは可能だと考えて良いですかね。もし可能だったら、日本語学校全体でシャドーイングを取り入れられることのデメリットとメリットをそれぞれ教えてくださいませんか。

近藤：デメリットという言葉が適切か分かりませんけど、機材や教具を準備することなどのコストの問題があるので、経営側の理解がなければ難しいですね。また既存の授業を一部割愛することになるので、割愛した部分の効果は今までより減少してしまうのではないかという意見はありました。

迫田：メリットについてはどうですか。

近藤：教師からは、普段、話しているときの発音が聞きとりにくい学習者が少なくなったという声が挙がりました。また、学習者の能力向上に加えて、教師自身の知識を深める機会にもなりました。複数の教師が協力してシャドーイングに取り組むことによって、様々な意見を聞くことができて、不足している知識を補うことができたと思います。それから、メリット、デメリットというのは、例えば私たちがどのようなことを目的にシャドーイングを始めたかということとも関係があると思うんですよ。もしかしたら、シャドーイングをメリットにする方法もあるんじゃないかと思うんですね。

迫田：シャドーイングをメリットにする？

近藤：メリットがあるからシャドーイングをするんじゃなくて、逆にシャドー

イングを通してメリットを作るというか。例えば、通訳のシャドーイング訓練だったら、単語レベルでやったりすることがあるんです。それで、単語をいくつか羅列した教材を作って、そのことばをイメージしながらシャドーイングを行ったら、もしかしたらそれは語彙力アップというメリットが作られるかもしれないなと思ったりするんです。だから、シャドーイングをツールとして利用してもいいんじゃないかなと思うんですよね。

迫田：実は私もその考え方に大賛成です。そもそも私がシャドーイングをやってみようと思ったきっかけは、シャドーイングは効果があるかどうかということを知りたかったということを一応表向きにはしているんですが、でも、私の中では効果があると思っていたからんなんです。ただ、あるけど、これが効果ですというような、1つ、はっきりしたものじゃなくて、使い方次第だと思っているんですね。ヨガと同じ。だから、近藤先生がおっしゃるようにシャドーイングはメリットがあるかどうかじゃなくて、シャドーイングでメリットを作るという発想が、実はとても大事なんじゃないかと思います。こういう使い方もあるよ、こういうふうに使ったら良いよという、要は使い方の違いなんだということで、みんな受け継いでくれれば良いなと。

近藤：あと個別にシャドーイングをチェックする方法で学習者の成果を確認したんですが、その際に学習についての悩みを聞いたり、学習方法のアドバイスをしたりして、学習者とコミュニケーションをとる良い機会にもなりました。

藤井：これはちょっと気のせいかもしれないんですけど、面接なんかをした時に総じてみんな平均的にちゃんと答えられるようになってきている気がするんです。昔は、割と上のクラスの人でも、とんでもない答えが返ってきたりとか、ちょっと聞けていないなという学習者がいたりしたんですけど、最近は全体的に反応も良くなっているような気がします。あと、教師側のメリットとしては、近藤先生もおっしゃったように1対1で話すことがないので、チェックのときに1対1で話が聞けるというのは、日頃ちょっと気になっていることとかを聞いてみたりとかもできるし、発音を直す時間ってなかなかとれないので、発音を直せるチャンスができるというのはメリットだという感じがします。

迫田：こういうふうにメリットが3つも出てくるというのは、もしかしたらシャドーイングをやったおかげですかね。

- ❶ 学校全体で取り組む場合、導入の目的やシャドーイング自体について の講師全員の理解を得るために事前研修会を行うと良い。
- ❷ 担当の講師には、シャドーイングのやり方やフィードバック方法について明確に指示する。
- ❸「シャドーイングはメリットがあるのか」や「メリットがあるからシャドーイングをする」のではなく、「シャドーイングを通してメリットを作る」という思考をもつ。

■ 第3部　参考文献

近藤妙子・藤井慶子・末田朝子・中島智子・迫田久美子・松見法男（2007）「国内の日本語学校におけるシャドーイング実践の取組み」『2007年度第10回日本語教育学会中国地区研究集会予稿集』44-49.

迫田久美子・松見法男・近藤妙子・末田朝子・藤井慶子・中島智子・福永尚子・中川雅美（2008）「国内の日本語学校におけるシャドーイング実践の取組み－8ヶ月の調査結果に基づいて－」『日本語教育学を起点とする総合人間科学の創出』広島大学大学院教育学研究科日本語教育学講座推進研究平成19年度報告書, 45-57.

索　引

C
C-JAS（Corpus of Japanese as a second language）4

D
DST（ディジットスパンテスト）13

G
Google ドキュメント　67
Google 翻訳　67

I
i+1（アイ プラスワン）16
I-JAS（International corpus of Japanese as a second language）21

J
JLPT（日本語能力試験）12

L
LL（Language Laboratory）87
LST（リスニングスパンテスト）13

O
OJAD（Online Japanese Accent Dictionary）70
OPI（Oral Proficiency Interview）38

R
RST（リーディングスパンテスト）11

S
SPOT（Simple Performance-Oriented Test）12
SPOT 90　72

U
UD トーク　69

V
VA シャドーイング法　83

W
writer.app　69

あ
暗記　25

お
オーディオ分配ケーブル　37
オフライン処理　26
音声編集　47, 48
音節評価法　30
音読　12
オンライン処理　26

か
学習管理システム　40, 97, 147
学習動機　138
化石化　5, 171
固まり　21

簡易的な再生率による評価 113, 117
関係志向 139
関係性 145, 146
観点別による評価 109, 117
がんばってシャドーイング 85

き

帰属スタイル 136
機能語 21
教訓帰納 74
教師主導型授業 17
矯正的フィードバック 135

く

クラッシェン 16
繰り返し 5, 7
訓練志向 139

け

原因帰属 77
顕在的学習 26

こ

肯定的フィードバック 135
個別性 87
誤用 4
コンテンツ・シャドーイング 29, 67, 89

さ

サイレント・シャドーイング 66, 89

作動記憶 10, 57
作動記憶容量 11, 13

し

自覚性 87
自己確認方略群 123
自己決定理論 145
自己効力感 75
自己調整学習 71
自己評価 94, 131
自己モニター能力 67
自主制作教材 39, 43
自主練習 99
事前書き取り型アプローチ 29
自尊志向 140
実用志向 139
自動化 24
自動的処理 23
自動評価システム 119, 120
充実志向 139
重点ポイントを設定した評価 115, 118
手動評価 32, 108
書写 13
処理能力 13
自律性 145, 146
シンクロ・リーディング 29, 64

す

スピード 56

索 引

せ

正確な再生率に基づく評価　111, 117

潜在的学習　26

全体的印象による評価　109, 117

た

ダイアローグ　36, 37

対面式テスト　135

ち

チェックポイント法　31

つ

積み上げ型アプローチ　28

て

ディクテーション　63

テキストマイニング　56

「できる」　22

と

動画編集　47

動機づけ　134, 137, 138

統制的処理　23

独話　38

な

内容関与的動機　140, 143

内容分離的動機　143

生教材　39

に

二重課題　23

日本語学校　166, 174

は

発話速度　15

パニック体験型アプローチ　29

パラレル・リーディング　64, 89

ひ

ピア・ラーニング　17

ビジュアル・シャドーイング　84

非認知主義的学習観　79

評価　30

ふ

フィードバック　18, 30, 97, 132, 135, 148, 156

フィラー　37

振り返りシート　130

プロソディ・シャドーイング　54, 66, 89

へ

ペア学習型授業　17

ペア学習方略群　123

ほ

報酬志向　140

母語訛り　45

母語の影響　20

179

ま

マンブリング　28, 66, 89

み

ミニマルペア　95

め

メタ認知　71

も

目標構造　136

文字起こし　48

モチベーション　41, 96, 141

モデル音声　50

モノローグ　36, 38

ゆ

有能感　145, 146

り

リスニング　63

リハーサル　24

リピーティング　89

リピート　3, 26, 64

る

ルーブリック　129

れ

レシテーション　89

練習の記録　147, 151, 152

ろ

録音テスト　135

わ

「わかる」　22

資料

初級前半レベル

北海道

　北海道は、日本の一番北にあります。日本の他のところと違って、湿気が少ないです。だから、夏も気持ちがいいです。
　北海道には、たくさん観光するところがあります。北海道に行ったら、ラーメン、カニ、メロンを食べてみたいです。それから、旭山動物園に行ってみたいです。富良野には、ラベンダー畑があります。7月が、一番きれいだそうです。2月には、札幌で雪まつりがあります。
　私も、いつか家族と行ってみようと思います。

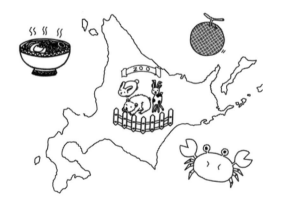

イラスト：潘 思芸

※ 本教材は、JSPS 科研費 (15K02643) にて作成したものの一部です。日本語文章難易度判別システム <http://jreadability.net/> において「初級前半」と判断されたテキストです。

おわりに

「これからシャドーイングを授業に取り入れてみようと思っている日本語教育の現場の先生方に役立つ本にしたい」。これは、本書の構想当初から私たち著者が心掛けてきたことです。本書のベースとなっている、国内外日本語教師とともに行ってきた実践研究※は、約 10 年前に始まりました。7 か国から集まった仲間との勉強会を皮切りに、それぞれの状況に応じて各授業にシャドーイングを取り入れ、失敗と改善を繰り返しながら、刺激し合い、支え合い、ともに研究を続けてきました。

本書の一番のウリは、そのような現場の日本語教師や英語教師が行ってきた実践例がいくつも分かりやすく紹介されていることです。言語習得やシャドーイングのプロセスと同様に、シャドーイングの取組みにおいて教師が失敗したり、試行錯誤したりしている過程も書かれています。

それによって、本書を手に取ってくださった教師の皆様がシャドーイングを授業に取り入れるときのきっかけやヒントとなり、「シャドーイングをいかに使うか」を考える機会へとつながることを願っています。

上述したとおり、本書は、国内外の日本語教師と英語教師によるシャドーイングの実践と研究によって成り立っており、そこでは多くの学習者や各所属機関の皆様に多大なるご協力とご支援をいただきました。この場をお借りして、お礼申し上げます。

本書の第 1 回打ち合わせもまた、10 年以上前までさかのぼります。その時に出版の企画を考え、種を蒔いてくださった広島大学の松見法男教授と、その後辛抱強くこの企画を見守り、種に水をやり、風雨で倒れそうになる苗木に支え棒をくくりつけ、やっと蕾が成長できるまで守ってくださったくろしお出版の市川麻里子さんのお二人には、感謝の言葉が見つかりません。ガウディの「サグラダ・ファミリア」の建設のような亀の歩みの私たちに、何度も何度も打ち合わせを重ね、本書の原稿を詳細かつ丁寧に見てくださり、最後まで深い愛情を持って支え続けてくださいました。心から感謝の言葉を申し上げます。

2019 年 11 月

著者一同

※本書にかかわる調査及び研究の一部は、JSPS 科研費(16H01934, 18K00714)の助成を受けて行ったものである。

著者紹介

【編著者】

迫田久美子（さこだ くみこ）（第1部、第3部担当）
- 現職：広島大学 特任教授、国立国語研究所 名誉教授
- 略歴：広島大学大学院教育学研究科博士課程後期修了。博士（教育学）。広島大学大学院教育学研究科教授、国立国語研究所教授を経て、2017年より現職。
- 著書：『日本語教育に生かす第二言語習得研究』（2002, アルク）、『学習者コーパスと日本語教育研究』（2019, 共著）、『日本語学習者コーパス I-JAS 入門─研究・教育にどう使うか─』（2020, 共著）、『シャドーイングもっと話せる日本語 初～中級』（2023, 共著）（以上、くろしお出版）など。

古本裕美（ふるもと ゆみ）（第2部 第1, 2, 3, 6, 7章、第3部担当）
- 現職：長崎大学 留学生教育・支援センター 准教授
- 略歴：広島大学大学院教育学研究科博士課程後期単位取得退学。博士（教育学）。広島大学大学院教育学研究科助教、国際交流基金米国若手日本語教員（J-LEAP）を経て、2014年より現職。
- 著書：『シャドーイングもっと話せる日本語 初～中級編』（2023, 共著, くろしお出版）など。

【著者】

倉品さやか（くらしな さやか）（第2部 第4章担当）
- 現職：国際大学 言語教育研究センター 准教授
- 略歴：広島大学大学院教育学研究科博士課程前期修了。修士（教育学）。国際大学大学院国際関係学研究科助教などを経て、2023年より現職。
- 著書：『にほんご単語ドリル ─慣用句・四字熟語─』（2008, アスク出版）、『日本語単語スピードマスター BASIC1800』（2010, J リサーチ出版）など。

山内豊（やまうち ゆたか）（第2部 第5章担当）
- 現職：創価大学 教育学部 教授、文部科学省 審議会委員
- 略歴：コロンビア大学大学院教育学研究科修了。Master of Arts (TESOL)。東京学芸大学附属大泉中学校教諭、東京学芸大学附属高等学校教諭、東京学芸大学教育工学センター研究員、東京国際大学教授を経て、2018年より現職。
- 著書：『インターネットを活用した英語授業』（1996, NTT 出版）、『英語語彙習得論』（1997, 河源社）、『IT 時代のマルチメディア英語授業入門』（2001, 研究社出版）など。

近藤妙子（こんどう たえこ）（第3部担当）
- 現職：広島女学院大学 人文学部 非常勤講師、HLA 学院校長
- 略歴：県立広島女子大学大学院国際文化研究科修士課程修了。修士（国際文化）。広島 YMCA 専門学校副校長を経て、2013年より現職。2024年より HLA 学院校長。
- 著書：『日本語イディオム用例辞典』（2001, 項目執筆, 朝日出版社）、『ことばの練習帳 ─テーマ別中級から学ぶ日本語の漢字・語彙練習─』（2009, 共著, 研究社）、『シャドーイングもっと話せる日本語 初～中級編』（2023, 共著, くろしお出版）など。

【実践例の執筆者】

① フォード史子：アリゾナ州立大学（アメリカ）
②④ リード真澄：上智大学言語教育研究センター 非常勤講師
③ タサニー・メーターピスィット：タマサート大学 非常勤講師（タイ）
⑤ 近藤玲子：オークランド大学（ニュージーランド）
⑥ 崔眞姫：白石文化大学校（韓国）

■ 本文イラスト
村山宇希

■ 装丁デザイン
スズキアキヒロ

日本語教師のための　シャドーイング指導

2019年 12月3日　　第1刷 発行
2024年　3月5日　　第2刷 発行

[編著者]　迫田久美子・古本裕美

[著者]　　倉品さやか・山内豊・近藤妙子

[発行人]　岡野秀夫

[発行所]　くろしお出版
　　　　　〒102-0084　　東京都千代田区二番町4-3
　　　　　TEL : 03・6261・2867　　FAX : 03・6261・2879
　　　　　URL : http://www.9640.jp　　MAIL : kurosio@9640.jp

[印刷]　　モリモト印刷株式会社

© 2019　Kumiko Sakoda, Yumi Furumoto, Sayaka Kurashina, Yutaka Yamauchi, Taeko Kondo
ISBN 978-4-87424-817-1　C1081
乱丁・落丁はお取り替えいたします。本書の無断転載・複製・複写(コピー)・翻訳を禁じます。